# C.H.BECK  WISSEN

in der Beck'schen Reihe
2102

Peter Hoffmann, einer der besten Kenner des Widerstandes gegen Hitler, beschreibt in diesem Buch die Gestalt und die Rolle Claus Schenk Graf von Stauffenbergs bei dem Versuch der Erhebung gegen Hitler mit ihrem tragischen Höhepunkt am 20. Juli 1944.

*Peter Hoffmann* ist William Kingsford Professor und Inhaber des Lehrstuhls für Deutsche Geschichte an der McGill University in Montreal. Die wichtigsten seiner zahlreichen Veröffentlichungen über den Widerstand gegen den Nationalsozialismus sind die Standardwerke *Widerstand, Staatsstreich, Attentat. Der Kampf der Opposition gegen Hitler* (⁴1985) und *Claus Schenk Graf von Stauffenberg und seine Brüder* (²1992).

Peter Hoffmann

# STAUFFENBERG
# UND DER 20. JULI 1944

Verlag C.H.Beck

Die Deutsche Bibliothek – CIP-Einheitsaufnahme

*Hoffmann, Peter:*
Stauffenberg und der 20. Juli 1944 / Peter Hoffmann. –
Orig.-Ausg. – München : Beck, 1998
  (C. H. Beck Wissen in der Beck'schen Reihe ; Band 2102)
  ISBN 3 406 43302 2

Originalausgabe
ISBN 3 406 43302 2

Umschlagentwurf von Uwe Göbel, München
Umschlagabbildung: Claus Schenk Graf von Stauffenberg,
Süddeutscher Verlag, München
© C. H. Beck'sche Verlagsbuchhandlung (Oscar Beck), München 1998
Gesamtherstellung: C. H. Beck'sche Buchdruckerei, Nördlingen
Gedruckt auf säurefreiem, alterungsbeständigem Papier
(hergestellt aus chlorfrei gebleichtem Zellstoff)
Printed in Germany

# Inhalt

# I. Prolog

Die Epoche Stauffenbergs ist ohnegleichen in der deutschen Geschichte; denn der deutsche Staat war 1933 einer Verbrecherbande in die Hände gefallen. Es gab kein eigentliches Parlament mehr, keine Gerichte und keine kirchliche Autorität, die sie hätten zügeln können. Die neuen Führer schreckten vor keiner Schandtat zurück, überzogen Europa mit einem Krieg, den sie als erklärten Vernichtungskrieg gegen die damalige Sowjetunion führten, und ermordeten Millionen Polen, sowjetische Kriegsgefangene und Juden. Sechs Millionen Juden wurden systematisch ermordet, Hunderttausende Frauen, Kinder und Männer wurden an Massengräbern erschossen, Millionen wurden in Gaskammern umgebracht. In weniger als einem Jahr nach dem Beginn des deutschen Angriffs auf die Sowjetunion (1941) waren 2 Millionen Kriegsgefangene der Roten Armee in deutschem Gewahrsam umgekommen durch Verhungern, Typhus, Massenmord. Millionen Polen und Angehörige anderer Völker, Millionen deutscher Soldaten hat der Diktator mit seinem Größenwahnsinn zu Tode gebracht. Dutzende großer deutscher Städte mußten in Schutt und Asche fallen, Hunderttausende Zivilisten mußten ihr Leben verlieren, sechzehn Millionen Deutsche aus den Ostprovinzen mußten Vertreibung aus der Heimat erdulden, zwei Millionen von ihnen dabei auf grausame Weise den Tod erleiden, weil der größte Verbrecher der deutschen Geschichte territoriale und biologische Eroberungen und Pläne verfolgte, an deren Verwirklichung er selbst nicht glaubte.

Um diesen Verbrechen Einhalt zu gebieten, um sie nicht schweigend hinzunehmen, schließlich auch nur, um sich, und sei es durch den eigenen Tod, von den Verbrechern zu trennen, haben mehrere tausend Deutsche ihr Leben und das ihrer Familien und Freunde aufs Spiel gesetzt für den Versuch, dem Diktator Adolf Hitler das Leben zu nehmen. Dieser Aufstand von wenigen gegen das Urböse war eines der besonderen Kennzeichen seiner Herrschaft.

Wenn hier vor allen über Stauffenberg und den 20. Juli 1944 berichtet wird, verdienen gleichwohl alle, die mit der Tat und mit dem Einsatz des Lebens gegen die verbrecherische Staatsführung aufgetreten sind, ihren Platz in dieser Reihe. Der schwäbische Möbelschreiner und Tüftler Georg Elser aus Heidenheim an der Brenz kam allein, ohne Verbindung mit anderen Gegnern oder einer Untergrundgruppe, am 8. November 1939 der Tötung Hitlers mit einer im Münchner „Bürgerbräukeller" am Rosenheimer Platz in einer Säule hinter Hitlers Rednerpult in wochenlanger nächtlicher Arbeit eingebauten Zeitbombe fast so nahe wie Stauffenberg fünf Jahre später in Hitlers Hauptquartier „Wolfschanze" bei Rastenburg in Ostpreußen. Was aber Stauffenberg hervorhebt, kennzeichnet zugleich die Herrschaft der Nationalsozialisten.

Stauffenberg stammte aus der konservativen staatstragenden Schicht, von der viele die von den Nationalsozialisten proklamierte nationale Erneuerung des deutschen Lebens und Reiches sowie die Lösung der „sozialen Frage" mitzutragen bereit waren. Stauffenbergs Leben gehörte dem soldatischen Gehorsam, dem Kriegshandwerk, der Loyalität gegenüber der Staatsführung. Er wandte sich ab von ihr aus Einsicht in ihre grundsätzliche Verderbnis. Stauffenbergs Anschlag auf das Staatsoberhaupt enthüllte durch seine Sichtbarkeit und durch seine schrecklichen Folgen die Tiefe und den Umfang der Bewegung zum Sturze Hitlers und des pervertierten Nationalsozialismus.

Denken und Verhalten Stauffenbergs wie auch seiner Zeitgenossen sind aus dem Bewußtseinsinhalt der damals Lebenden zu begreifen. Der Generation, die 1914–1918 den Kampf um die „Selbstbehauptung", wie man den Krieg von seinem Beginn an nannte, gegen den größten Teil der Welt bestanden hatte, die der Abtrennung von Rhein und Ruhr durch Frankreich nur hatte entgehen können durch das Dazwischentreten Amerikas und durch den von Präsident Woodrow Wilsons „14 Punkten" auferlegten Zwang zum Kompromiß, war ein neuer vaterländischer Kampf in der Zukunft kaum zweifelhaft, und vielen von ihnen war er „hehres Ziel". Stauffenberg konnte in den neunzehnhundertzwanziger Jahren Soldat werden in der Überzeugung, seinem Volke zu dienen, und in der Erwartung, nicht für das Gegenteil mißbraucht zu werden.

Man mag das damalige Denken ablehnen und mag damit rechthaben. Krieg zur Wahrung nationaler Interessen war damals überwiegend gesellschaftlich akzeptiert. Obwohl Stauffenberg und die meisten anderen Berufssoldaten den Krieg mit seinen Schrecken nicht wünschten, waren sie Soldaten, weil er notwendig werden konnte. Es gab nicht die heute verbreitete Militärmüdigkeit. Den Standpunkt der Gegner konnten Soldaten nicht wohl gegen die eigenen vermeintlichen nationalen Interessen einnehmen, auch wenn sie unter Umständen die Politik ihrer Regierung nicht für richtig hielten.

Einige wenige von ihnen dachten aber so unabhängig, daß sie erkannten, wie sie in Schuld verstrickt wurden. In den für den Tag der Erhebung vorbereiteten Erklärungen über die Wiederherstellung des Rechts, die Wiedereinsetzung der Rechtsgarantien der Verfassung der Weimarer Republik, die Errichtung einer neuen Verfassung auf Grund einer Volksabstimmung mit Beteiligung der Frontsoldaten, und über die Beendigung der Judenverfolgung stand auch, die Soldaten seien von einer gewissenlosen Führung getäuscht und mißbraucht worden. Als Stauffenberg die Augen über die zutiefst verbrecherische Natur der nationalsozialistischen Herrschaft geöffnet waren, sprach er es so aus: „Wir sind als Generalstäbler alle mitverantwortlich."

Stauffenberg war sich bewußt, auf Grund seiner Begabung und seiner Familientradition auf einen Platz in den ersten Rängen der Staatsdiener Anspruch zu haben. Seine Zugehörigkeit zum esoterischen Kreis um den Dichter Stefan George verstärkte dies Bewußtsein, aber auch die Trennung zwischen ihm und denen, die nicht dem Kreis des Dichters zugewandt waren. Die Bindung an Stefan George und die Verwurzelung in seinem Denken reicht für Stauffenberg und seine Brüder bis in die Tage vor der Erhebung des 20. Juli 1944, und sie hatte unmittelbare Auswirkungen auf die Vorbereitung des Umsturzes. Der heutigen Tabuisierung der Ungleichheit der Menschen wären die Stauffenbergs als lebender Widerspruch gegenübergestanden.

Die Gedanken der Stauffenbergs sind auch für das heutige Denken so herausfordernd, daß noch 1992 die vollständige Veröffentlichung von Stauffenbergs politischem Bekenntnis, das er als „Schwur" der Nachfahren Stefan Georges verfaßt hatte, fast verhindert worden wäre. Der Versuch, fast fünfzig Jahre nach Stauffenbergs Tod seinen Geist zu zensieren, ist ein erstaunlicher Hinweis auf die Herausforderung, die in seiner Persönlichkeit wie in seiner Tat liegt.

Es gab auch andere Hindernisse, die den Zugang zu Stauffenbergs Denken erschwerten. Dazu gehört die Abgeschlossenheit des Generalstabes mit seiner Sonderstellung in dem elitären Berufsoffizierkorps der damaligen Reichswehr, und noch im Massenheer der Kriegsjahre seit 1939. Generaloberst Franz Halder, der Chef des Generalstabes des Heeres 1938–1942, meinte, wegen der „Abdichtung der Generalstabsarbeit gegenüber der Öffentlichkeit" könne gar keine Geschichte des Generalstabes geschrieben werden.

Das alles wird die um die Erkenntnis der Geschichte sich Mühenden nicht abschrecken. Zum Thema *Stauffenberg und der 20. Juli 1944* führen viele Wege: die in der Familientradition wurzelnden Pflicht- und Ehrauffassungen, die innige Frömmigkeit Stauffenbergs, die Denkwelt des Kreises um den Dichter Stefan George, die verwandtschaftlichen und freundschaftlichen Bindungen, die in den 1930er Jahren vor allem in Berlin während der Kriegsakademiezeit entstanden, und alles einschließend und überragend Stauffenbergs vorbehaltlose Bindung an seinen Soldatenberuf.

## II. Zwischen den Kriegen

Claus Schenk Graf von Stauffenberg wurde 1907 in Jettingen geboren. Seine Brüder Berthold und Alexander waren 1905 in Stuttgart zur Welt gekommen. Die drei Brüder wuchsen in Stuttgart auf, gingen hier aufs Gymnasium und verbrachten Ferien auf dem Familienbesitz auf der Schwäbischen Alb. Der Vater war der höchste Hofbeamte des Königs von Württemberg, nach 1918 Verwalter der verbliebenen Güter des letzten Königs, nach dessen Tod 1921 der herzoglichen Familie. Bis Anfang 1919 wohnte die Familie Stauffenberg in der Dienstwohnung im Alten Schloß in Stuttgart, danach in der Jägerstraße nahe am Hauptbahnhof. Die Kinder leitete der Vater in handwerklichen Tätigkeiten an, im Verlegen elektrischer Leitungen auf dem Landgut in Lautlingen auf der Schwäbischen Alb, in Möbelreparatur- und Gartenarbeiten. Die Mutter, eine geborene Gräfin Üxküll, war mit der Königin befreundet und korrespondierte mit Rainer Maria Rilke, der einen mit den Stauffenbergs verwandten Arzt konsultierte. Zu den Mysterien der Küche hatte sie ein eher distanziertes Verhältnis, in vielem dachte sie unkonventionell. Im Weltkrieg sah sie vor allem ein Unglück.

Die Buben waren wild und sportlich, untereinander und zu den Eltern liebevoll und anhänglich. Der Religion des Vaters entsprechend wurden sie katholisch erzogen, die Mutter war evangelisch. Berthold war scharfsinnig, klug und schnell, in religiösen Dingen schon als Kind skeptisch. Alexander war dichterisch begabt, klug, gläubig-fromm aus Ehrfurcht vor dem Göttlichen, aber nicht unkritisch, und beim Lernen langsamer als seine Brüder. Claus war vorbehaltlos religiös, sonnig-klar, schnell in seiner Auffassung, freundlich, unwiderstehlich charmant, es hieß, er wickle ohne es zu wissen alle Lehrer um den Finger. Im Gymnasium hielt er sich an seine älteren Brüder. Alle drei lasen viel und interessierten sich für Kunst, Dichtung, Philosophie. Jeder spielte ein Instrument, Claus begeisterte sich für das Cello und dachte zeitweilig daran, Musiker zu werden. Am Geschehen des Weltkriegs nahmen alle drei mit vaterländischer Leidenschaft Anteil, schrieben Gedichte auf General Otto von Emmich, den Sieger von Lüttich, und auf den untergegangenen Minenleger „Königin Luise" (Alexander), auf „Unsere Feinde" (Berthold) und auf „U 9" (Claus), erlebten Bombenangriffe auf Stuttgart. Vom Ausgang des Krieges war besonders Claus tief erschüttert.

Der Vater blieb dem Alten verbunden. Er erklärte die Regierung der Republik für ein Lumpenpack, dem kein anständiger Mensch dienen könne. Die Großtante Olga Gräfin Üxküll, eine Tante der Mutter, nannte den Vater einen Anachronismus. Die drei Brüder wandten sich der neuen Zeit zu, machten sich den für junge Leute ihrer Herkunft revolutionären Gedanken der Volksgemeinschaft zu eigen und überlegten, in welchen Berufen sie ihrem Vaterland am besten dienen könnten.

Berthold Stauffenberg wurde Jurist mit dem Ziel, in den auswärtigen Dienst zu treten, aber seine adlige Herkunft und seine Schweigsamkeit waren Hindernisse. Er schlug eine wissenschaftliche Laufbahn ein im Kaiser-Wilhelm-Institut für ausländisches öffentliches Recht und Völkerrecht, das die Interessen des Reichs in Fragen des internationalen Rechts zu vertreten hatte. Im Zweiten Weltkrieg bearbeitete er als Marineoberstabsrichter in der 1. Abteilung der Seekriegsleitung Fragen des internationalen Seerechts, darunter Prisenfälle, die Versorgung der griechischen Bevölkerung über neutrale Häfen, und die dafür zwischen den Kriegführenden festzulegenden Routen durch das Operationsgebiet.

Alexander Stauffenberg glaubte, er solle Jurist werden, um dem Vaterland zu dienen, folgte aber dann bald seiner Neigung zum Studium der alten Geschichte und wurde Professor an der Universität Würzburg. Er vertrat eine Ansicht der Geschichte, die von der vom nationalsozialistischen Regime verordneten entschieden abwich. Während des Krieges war er als Leutnant Artilleriebeobachter und wurde in Rußland schwer verwundet.

Claus Stauffenberg wollte erst Architekt werden. Aber diesen „Entschluß" faßte er sechzehnjährig und schrieb darüber in einem Schulaufsatz, als gerade französische und belgische Truppen das Ruhrgebiet besetzt hatten, seine älteren Brüder sich auf die freiwillige militärische Ausbildung in der Schwarzen Reichswehr vorbereiteten, und er selbst noch immer zu jung und vielleicht auch gesundheitlich zu anfällig war, um Militärdienst zu leisten. Die Zurückhaltung des Vaters und anderer Verwandter gegenüber der Republik fiel auch ins Gewicht. Er entschloß sich erst nach inneren Kämpfen und monatelangem Zögern zum Soldatenberuf, zu dem es ihn seit der Kindheit hinzog. Begeisterung für den Offizierberuf und für den höchsten Einsatz im Dienst des Vaterlandes überwogen alle Bedenken. Nachher war er sich der Zuversicht seiner Eltern, Brüder und Freunde bewußt und dankbar für die Anerkennung seiner Wahl. Er sagte noch Jahre später, er habe einen solchen Tatendrang verspürt, daß er zur Reichswehr gegangen sei. Manche waren bestürzt, als sie den Entschluß des musischen, kunstliebenden, zartfühlenden Freundes erfuhren. Der ältere Bruder Alexander war gleichzeitig bewundernd mitgerissen und von dunklen Ahnungen erfüllt. Er dichtete über des jüngeren Bruders

> unstillbaren Drang
> Nach Tat so fern – bis Du an Deinem Herzen
> Den Bruder findest noch im Untergang.

Durch die Freundschaft der Mutter mit der Frau des Verlegers Robert Kröner wurde Stefan George auf die Brüder Stauffenberg aufmerksam. Der beziehungsreiche Name Stauffenberg machte sie unwiderstehlich für den alten Dichter, dem es Heldengestalten angetan hatten und der sich damals, 1923, mit der Gestalt des Stauferkaisers Friedrich II. beschäftigte; denn der George befreundete Historiker Ernst Kantorowicz schrieb damals seine Biographie der universalen Gestalt. Berthold Stauffenberg war an der Schlußredaktion des Werkes intensiv beteiligt. Berthold war auch äußerlich attraktiv, Claus strahlend-unabhängig, und dem Adel gegenüber war George überhaupt nicht unempfänglich. Im Mai 1923 wurden die drei

Brüder einzeln dem Dichter vorgestellt. Er zog sie sofort in seinen Freundeskreis. Da war die Rede von Helden und vom Kyffhäuser, ein Gedicht des Meisters bezeichnete Berthold als unsichtbar gekrönten Königsohn. Claus Stauffenberg beschrieb seine Brüder und sich selbst in einem Gedicht als Alexander dem Großen, Caesar, Platon und Achilles ebenbürtig, als „des Staufers und Ottonen blonde erben". Der Rückblick auf alte Kaiserherrlichkeit war romantisch und zugleich Flucht aus der Erniedrigung der Gegenwart nach dem verlorenen Kaiserreich, doch war er nicht neu. Schiller und Hölderlin hatten in ihrer eigenen Zeit der deutschen Erniedrigung von einem geheimen geistigen Reich gesprochen. Später ernannte der Meister Berthold Stauffenberg zu einem seiner Erben und Nachlaßverwalter, und nach des Dichters Tod beteiligte Berthold seinen Bruder Claus an der Sammlung und Wahrung des Werkes.

Berthold und Alexander Stauffenberg, Ernst Kantorowicz und andere Freunde reisten 1924 nach Italien und besuchten den Königspalast und den Dom zu Palermo, wo Friedrich II. gelebt hatte und wo sein Sarkophag stand. Freunde legten einen Kranz nieder mit der Inschrift: „Seinen Kaisern und Helden – das geheime Deutschland." Die beiden letzten Worte bezogen sich auf ein Gedicht Stefan Georges, das Deutschland als unverwirklichte Zukunft beschrieb. Die Freunde des Dichters dachten sich als Träger des werdenden, geheimen Deutschland. Ernst Kantorowicz stellte die Kranzinschrift seinem Werk über Friedrich II. voran als Zeichen der Teilnahme für die großen deutschen Herrschergestalten, „gerade in unkaiserlicher Zeit". Statt des nach der Sage im Geheimen weiterlebenden Kaisers, so schloß Kantorowicz sein Buch, harre des Kaisers Volk nun auf Erlösung. Friedrich Hebbel und Heinrich Heine, Paul de Lagarde und Julius Langbehn schrieben von dem idealen Deutschland im mystischen Untergrund, das vielleicht einmal Wirklichkeit würde. George und seine Freunde bezogen das Geheime Deutschland auch auf ein Wort Platons, wonach der ideale Staat, in den Worten Sokrates', im Himmel vielleicht als Vorbild errichtet sei, sichtbar für den, der sich danach richten und der danach handeln wolle. Die Freunde waren überzeugt, daß das einzig lebendige geheime Deutschland damals durch die Dichtung des Meisters erweckt und zu Wort gekommen, für die Zukunft vorgebildet sei.

Doch blieb es nicht bei geistigen Bezügen. Es gab im Kreis um Stefan George Stimmen, denen der Meister seine Zustimmung lieh, die die größten deutschen Könige und Dichter als „Führer" und die Deutschen als das größte aller Völker verherrlichten, und die Krieg und Heldentod zur Wiederherstellung der deutschen Weltmacht priesen. Das Hakenkreuz als Signum auf den Büchern des Verlages der Blätter für die Kunst, der seit dem Ende des vorigen Jahrhunderts programmatische Manifeste und Gedichte von Stefan George und seinen Freunden veröffentlichte, behielt der Dichter nach dem Auftreten der Nationalsozialisten bei und verwies darauf, daß er es viel früher und in anderem Sinne als Hitler verwendet habe. Der Dichter nahm auch für sich in Anspruch, daß das *Neue Reich* seines letzten, 1928 erschienenen Gedichtbandes nichts mit der Tagespolitik zu tun habe, bemühte sich aber nicht überzeugend um klare Abgrenzung gegen die „Völkischen" und die Nationalsozialisten. Der Literaturhistoriker Max Kommerell veröffentlichte 1928 mit Georges Zustimmung ein Buch mit dem Titel *Der Dichter als Führer in der deutschen Klassik*, in dem Hölderlin als Künder deutscher Vormacht erschien und George als neuer Führer in ein „Morgen, wo die Jugend die Geburt des neuen Vaterlandes fühlt in glühender Einung und im Klirren der vordem allzu tief vergrabenen Waffen". Hölderlin habe zu Recht die Vergöttlichung eines ganzen Volkes im Krieg gepriesen, „keiner der Dichter und Wortführer seiner Zeit hat dem Deutschen ein so ungeheures Anrecht auf Macht, ein solches Gefühl ausschließenden Wertes und Ranges verleihen können". 1929 erschienen von Kommerell, wiederum mit des Meisters Zustimmung und Beifall, unter dem Titel *Gespräche aus der Zeit der deutschen Wiedergeburt* in Verse gefaßte erdachte Dialoge zwischen Herder und Goethe, Goethe und Napoleon, in denen die Deutschen als von Napoleon, „vom herrn der welt zum gott im geist gewandelt" beschrieben sind, als gewandelt zum Geist, „nach dem sich formt der nächste herr der welt". Claus Stauffenberg schrieb Kommerell nach einer Lesung im Kreis der Freunde im Februar 1929 in Berlin, die Gespräche hätten ihn durch ihr erhaben Dichterisches erschüttert, erst mit den Augen des Dichters könne er die „Dinge" der äußeren Welt richtig sehen.

Friedrich Wolters erhob 1930 in dem von George Zeile für Zeile mitredigierten Werk *Stefan George und die Blätter für die Kunst. Deutsche Geistesgeschichte seit 1890* für den Dichter und seinen Freundeskreis den nicht nur geistigen Herrschaftsanspruch. Wolters, Veteran des Weltkrieges, schrieb, „wildester Kampf" sei besser als „ödester Friede" und pries den Heldentod, ja gar den Selbstmord der Überlebenden der Schlacht, damit sie in Odins Gemeinschaft der Heldensöhne aufgenommen würden.

Claus Stauffenberg lehnte diese Verstiegenheiten ab. Wolters' nihilistische Gleichsetzung von Leben und Tod zumal wirkte peinlich und hatte nach Stauffenbergs Auffassung mit dem Wesen des Soldatentums nichts zu tun. Doch blieb die Affinität des Denkens Stefan Georges zu den von den Nationalsozialisten propagierten Begriffen nicht ohne Einfluß auf ihn. Die Nationalsozialisten erklärten sich für den völkischen Gedanken, ihre Begriffe schienen oft identisch mit den in Georges Dichtung gestalteten Gedanken, zumal George selbst sagte, daß ihm von den Nationalsozialisten ein Echo seiner eigenen Lehre widerklinge. Angesichts der nationalsozialistischen Wahlerfolge seit 1928 neigte der Meister zur Befürwortung einer nationalsozialistischen Regierung. Einige Freunde gingen 1933 ganz zu den Nationalsozialisten über, manche erklärten den Dichter zum Propheten des neuen Führers.

Claus Stauffenbergs Vetter Professor Woldemar Graf Üxküll sagte in einer akademischen Rede in der Universität Tübingen zum 65. Geburtstag des Meisters im Juli 1933, Stefan George habe als Seher längst „den einzigen der hilft den mann" erkannt, der Zucht und Ordnung wiederherstelle, der „das wahre sinnbild auf das völkische banner" hefte, also den nationalsozialistischen „Führer" mit dem Hakenkreuz. Berthold Stauffenberg bezeichnete das als Geschwätz. Ernst Kantorowicz, der dem nahe befreundeten „Woldi" seinen Friedrich II. gewidmet hatte, plante seinerseits an der Universität Frankfurt einen Vortrag über das Geheime Deutschland, um „den fatalen mist · welchen freunde <voran der Woldi> fabrizierten · doch mit einer erdschicht zu überdecken· damit diese häufchen wenigstens zu stinken aufhören und allmählich zu humus werden". Doch selbst jüdische Freunde des Meisters, auch Kantorowicz, bedauerten, wegen der antijüdischen Politik Hitlers von der nationalen Erneuerung ausgeschlossen zu sein.

Kantorowicz, als Jude von den nationalsozialistischen Studentenverbänden boykottiert und angegriffen, hielt zum Beginn des Wintersemesters 1933/34 eine Vorlesung über „Das Geheime Deutschland". Die Vorfahren des wahren Geheimen Deutschland seien die Götter der Hellenen, die christlichen Heiligen, die Ottonen, Salier und Staufer, Dantes humana civilitas, eine menschliche Götterwelt. Das geheime Reich, das Stefan George sehen gelehrt habe, beschränke sich auf den deutschen Raum, in dem es wie einst Hellas die Gesamtheit aller menschlichen Kräfte werde erstehen lassen. Ein Abgrund aber trenne seine Heroen Holbein, Friedrich den Großen, Herder, Goethe, Hölderlin, Nietzsche und Stefan George von der gegenwärtigen Grimasse Deutschlands. Zum Schluß zitierte er aus Stefan Georges Gedichtband *Der Stern des Bundes*:

Hemmt uns! untilgbar ist das wort das blüht.
Hört uns! nehmt an! trotz eurer gunst: es blüht –
Übt an uns mord und reicher blüht was blüht!

Erst sei das Auditorium „braun" gewesen, schrieb Kantorowicz danach an den Meister, dann sei es rot angelaufen, bei den Schlußversen haben die Studenten „selig getrampelt". Aber kurz darauf zwangen Boykottmaßnahmen der Nationalsozialisten Kantorowicz, seine Vorlesungen abzubrechen. Er nahm eine Einladung nach Oxford an.

Karl Wolfskehl, ein älterer jüdischer Freund des Meisters, erkannte früher die deutsche Unmenschlichkeit des Hasses gegen die Juden, die jede Form des Menschentums vergifte und die der Bewegung ihren Geschmack, ja ihre Stoßgewalt gebe. Keiner der anderen jüdischen Freunde begreife das Ungeheuerliche, sie weigerten sich, das Unbequeme zu sehen und bedauerten gar, „daß ein abscheulicher Zufall sie zurückhält mitzuthun, der ‚großen nationalen Bewegung sich voll und ganz anzuschließen‘!"

Frank Mehnert, ein junger Freund Stefan Georges, der mit Berthold Stauffenberg eng befreundet war, wollte im Sinne des Meisters im neuen Reich eine führende Rolle für das Geheime Deutschland. Die opuntischen Lokrer hätten in ihrer Schlachtreihe immer einen Platz freigelassen für den Geist ihres toten Helden Aias, aber für „die unseren" sehe er noch keinen Platz. Frank Mehnert hing den Nationalsozialisten an, wenn auch mit der Skepsis des geistigen Menschen gegenüber dem Vulgarismus der Herrschenden. Als Bildhauer gestaltete er eine Hitlerbüste, mit Stefan Georges Zustimmung, die von der Kunstfirma Hanfstaengl in München in einigen Dutzend Exemplaren verkauft wurde, und er beteiligte sich an einem Wettbewerb für ein SA-Standbild, das vor dem Dom von Magdeburg das Kriegerdenkmal von Ernst Barlach ersetzen sollte. Frank Mehnerts Entwurf wurde nicht angenommen, aber er konnte statt dessen durch Einwirkung eines dem George-Kreis zugewandten Mäzens ein Pionierstandbild für die Magdeburger Elbbrücke schaffen. Claus Stauffenberg stand Modell dafür, und das Standbild trug Stauffenbergs Züge.*
Erst der Pogrom vom November 1938 wandelte Frank Mehnerts Sinn von Grund auf. Er nahm eine Axt und zerschlug die in seinem Atelier noch stehenden ein oder zwei Hitlerbüsten.

Der alte Meister, krank und dem Tode nah, blieb unempfindlich gegenüber der Judenverfolgung und sagte, das sei nicht so wichtig. Als der preußische Minister für Wissen-

---

* Das Standbild wurde 1939 aufgestellt und 1942 von unbekannten Tätern umgestürzt und in die Elbe geworfen. Die Bruchstücke wurden fast alle gefunden und aufbewahrt.

schaft, Kunst und Volksbildung im Mai 1933 bei ihm anfragen ließ, ob er bereit wäre, sich an einer von jüdischen und „undeutschen" Mitgliedern gesäuberten Dichterakademie zu beteiligen, lehnte er ab. Es sei nur zu begrüßen, schrieb der Dichter, daß die Akademie jetzt unter nationalem Zeichen stehe. Er selbst aber habe seit einem halben Jahrhundert deutsche Dichtung und deutschen Geist verwaltet ohne Akademie und hätte es wahrscheinlich gegen sie getan, hätte es sie gegeben. Doch auf die weitere Mitteilung des Ministers, er wolle Stefan George vor der Presse als Ahnherr der jetzigen Regierung bezeichnen, antwortete er: „die ahnherrschaft der neuen nationalen bewegung leugne ich durchaus nicht ab und schiebe auch meine geistige mitwirkung nicht beiseite. Was ich dafür tun konnte habe ich getan· die jugend die sich heut um mich schart ist mit mir gleicher meinung .. das märchen vom abseitstehn hat mich das ganze leben begleitet – es gilt nur fürs unbewaffnete auge. Die gesetze des geistigen und des politischen sind gewiss sehr verschieden – wo sie sich treffen und wo geist herabsteigt zum allgemeingut das ist ein äusserst verwickelter vorgang." Der Regierung stelle er anheim, dies öffentlich zu erklären. Sein Mißverständnis des Nationalsozialismus war also weitgehend und tief. Er ließ es zwar nicht fehlen an abschätzigen Äußerungen über die nationalsozialistischen Henkersknechte, die nun einmal keine sehr angenehmen Leute seien. Aber schon 1932 sagte er einem Freund, dem Psychologen Kurt Hildebrandt, die Juden sollten sich nicht wundern, wenn er sich zu den Nationalsozialisten halte. George wollte auch alles gemieden wissen, was ihn in Gegensatz zu den Nationalsozialisten bringen konnte – mit Ausnahme des Festhaltens an seinen jüdischen Freunden. Er starb am 4. Dezember 1933 in seinem Winteraufenthalt in Minusio im Tessin.

Den Stauffenberg-Brüdern ging es zunächst ähnlich wie dem Meister. In der Familie traten einige in die NSDAP ein, andere lehnten das Regime ab. Die Mutter war skeptisch und meinte, was man denn wolle, die Volksgemeinschaft sei längst verwirklicht. Der verehrte Familienchef Onkel Berthold Graf

Stauffenberg (Greifenstein) war von Anfang an erklärter Gegner der Nationalsozialisten. Er wollte sich nicht zwingen lassen, statt seiner Familienfahne eine Hakenkreuzflagge zu hissen, ließ schließlich eine sehr hohe Tanne fällen und mit einer winzigen, kaum sichtbaren Hakenkreuzfahne in den Schweineauslauf stellen. Im Februar 1933 unternahm er mit den Brüdern Enoch und Karl-Ludwig Freiherr von und zu Guttenberg einen monarchistischen Putschversuch.

Alexander Stauffenberg war von den Nationalsozialisten vorwiegend abgestoßen. Zwar tat er bis 1934 einige Monate Dienst in einer SA-Brigade, ohne in die Partei einzutreten. Aber 1937 auf dem Deutschen Historikertag in Erfurt beschrieb er in einem aufsehenerregenden Referat „Theoderich der Große und seine römische Sendung" den Ostgotenkönig (471–526) als treuen Erneuerer und Bewahrer des Römischen Reiches und seiner Kultur, was der von den Nationalsozialisten bevorzugten Betonung des Germanischen widersprach. Die Zeitungen berichteten pointiert, die Debatten um Theoderich und das germanische Kontinuitätproblem hätten sich, anders als nach den übrigen Referaten, über die ganzen drei Tage der Tagung hingezogen. Im selben Jahr heiratete Alexander Stauffenberg eine Frau jüdischer Herkunft, die Diplomingenieurin Melitta Schiller, die in der Entwicklung der Sturzkampffflugzeuge der Luftwaffe als Versuchsfliegerin tätig war.

Berthold Stauffenberg war mit Skepsis bedächtig, zunächst nicht ablehnend, trat aber nicht in die Partei ein. Er hielt als Sekretär des Greffier des Ständigen Internationalen Gerichtshofes im Haag dem deutschen Richter Walther Schücking die Treue, als dieser als Jude 1933 unter Druck kam, und er verwies seiner aus Rußland stammenden Frau ihre antijüdischen Vorurteile. Im Krieg arbeitete er mit den entschiedenen Hitler-Gegnern Helmuth James Graf von Moltke und Peter Graf Yorck von Wartenburg zusammen, verhinderte Unrecht, wo er konnte, und erklärte 1943, die Deutschen müßten selbst die begangenen Verbrechen ahnden, zumal die Ermordung der Juden, ehe es nach der Niederlage die Feinde täten, kein Opfer wäre dafür zu groß. So beteiligte er sich zusammen mit seinem Bruder Claus maßgeblich an der Vorbereitung der Erhebung gegen Hitler.

Aber vieles in den Äußerungen der Nationalsozialisten klang den Brüdern wie ein Widerhall der Lehren des Dichters. 1944, im Verhör durch Beamte der Geheimen Staatspolizei, sagte Berthold Stauffenberg für sich und für seinen Bruder Claus, sie hätten anfangs die Politik des Nationalsozialismus zum größten Teil bejaht, so die Gedanken des Führerprinzips, der gesunden Rangordnung und der Volksgemeinschaft, den Kampf gegen Korruption, die Förderung der Bauern, die Ablehnung des Geistes der Großstädte, den Rassegedanken, eine deutsch bestimmte Rechtsordnung. Soweit man sieht, lehnten die Stauffenbergs auch den Gedanken der Ausweisung von Nichtdeutschen und einer gewaltlosen „Lösung der Judenfrage" nicht ab. Berthold schränkte aber diese Zustimmung ein mit dem vernichtenden Satz: „Die Grundideen des Nationalsozialismus sind aber in der Durchführung durch das Regime fast alle in ihr Gegenteil verkehrt worden." Die theoretische Zustimmung der Brüder zu einer Theorie, deren Ausführung sie ablehnten, war eben dann doch eine Ablehnung.

Im Frühjahr 1932 befürwortete Leutnant Claus Stauffenberg gesprächsweise – als Soldat konnte er nach dem Wehrgesetz nicht wählen – die Wahl Hitlers zum Reichspräsidenten, Hindenburg sei zu alt. Mit dieser Auffassung war er nicht allein. Die vereinigten Rechtsparteien (Nationalblock), die 1925 den Sieger der Schlacht von Tannenberg (1914) und nachmaligen Chef der Obersten Heeresleitung (1916–1918) Generalfeldmarschall Paul von Hindenburg für das Präsidentenamt nominiert hatten, unterstützten ihn 1932 größtenteils nicht mehr. Der frühere Chef der Heeresleitung, Generaloberst Hans von Seeckt, trat offen für Hitler ein. Dagegen traten nun die Sozialdemokraten für die Wahl Hindenburgs ein, da für sie weder Hitler noch der Kommunistenführer Ernst Thälmann in Frage kamen. Hindenburg wurde im April 1932 in einer Stichwahl mit knapper Mehrheit wiedergewählt.

Berichten zufolge begrüßte Stauffenberg 1933 Hitlers Ernennung zum Reichskanzler, nach manchen Berichten mit Begeisterung. Nach unwiderlegbaren Zeugnissen geriet er am Abend der Ernennung Hitlers, am 30. Januar, auf dem Weg zu einer gesellschaftlichen Veranstaltung in Bamberg in einen Fackelzug, mit dem die Nationalsozialisten ihren Sieg feierten, und ging an der Spitze des Zuges mit den Demonstranten. Da Soldaten sich politischer Äußerungen zu enthalten hatten, wurde er von seinen Kameraden kritisiert, als er ihnen seine Verspätung an dem Abend erläuterte. Seine Antwort auf die Kritik war, die Offiziere der Zeit der Befreiungskriege (1813) hätten sicher mehr Gefühl für eine echte Volkserhebung bewiesen.

Stauffenbergs Teilnahme am Fackelzug ist in der Literatur trotz eindeutigen Berichten kontrovers. Der erste 1950 erschienene Bericht, der Stauffenbergs Teilnahme erwähnte, war für die Familie schmerzend, weil er Stauffenberg zum Nationalsozialisten zu stempeln schien, was gewiß nicht richtig war. Es wurde dann dagegen behauptet, es habe am 30. Januar 1933 in Bamberg gar keinen Fackelzug gegeben. Das *Bamberger Tagblatt* vom 31. Januar berichtete jedoch von dem Fackelzug, der am Abend vorher stattgefunden hatte. Stauffenbergs Teilnahme oder Nichtteilnahme am Fackelzug ist nicht wesentlich für die Beurteilung seiner anfänglichen Zustimmung zur nationalsozialistischen Regierung. Es gibt dafür genug andere Zeugnisse. Andererseits gibt es ebenso reichliche Zeugnisse für seine Skepsis, Distanz und offene Kritik an den Nationalsozialisten. Seine Einstellung war weder vorbehaltlos positiv noch vollständig ablehnend.

Im Gegensatz zu den vielen anderen Konservativen, die 1932 von Hindenburg zu Hitler übergegangen waren und bis in den Krieg hinein, bis zum Kriegsende und oft darüber hinaus seine Politik guthießen, blieb Stauffenberg innerlich unabhängig und kritisch. Natürlich stimmte er der Heeresvermehrung zu, aber nicht dem hastigen Aufbau eines Massenheeres; natürlich stimmte er prinzipiell einer Politik zu, die Deutschland aus der außenpolitischen Isolierung führte, aber nicht der Anfeindung aller Nachbarn; natürlich stimmte er der Vereinigung aller Deutschen in einem Reich zu, aber nicht dem Abenteurertum, der Politik der Drohungen, dem Spiel mit militärischem Bluff und mit dem Leben der deutschen Jugend, das Hitler trieb. So entstand ein Zwiespalt; denn die Größe des Reichs, selbst die Mystik des Reichs, war damals als Ideal vertretbar und wurde in Deutschland auch vor 1933 kaum in Frage gestellt. Nun aber mehrte Hitler sie mit Hilfe der Reichswehr und einer teilweise erfolgreichen Außenpolitik, benützte diese Politik und ihre Ergebnisse jedoch zugleich für seine maßlose Politik der Eroberung und Vernichtung. Nur wenige, wie Helmuth Moltke, sahen die Folgen, den neuen Weltkrieg und die neue Niederlage 1933 voraus. Aber nicht einmal die größten Skeptiker konnten sich die Ungeheuerlichkeit der Verbrechen vorstellen, die die Nationalsozialisten dann auf sich und auf die Deutschen luden.

Claus Stauffenberg träumte in der Jugend vom mittelalterlichen Reich. Er hat bis an sein Ende den Gedanken an das Reich als Existenzform des deutschen Volkes nie aufgegeben. Im Januar 1923, zwei Wochen nach der Invasion französischer und belgischer Truppen in das Ruhrgebiet unter Bruch des Friedensvertrages schrieb er einen Schulaufsatz über seine Berufswahl. Er bekannte sich darin zur existierenden republikanischen Staatsform: Wer „das neue Reich" erkannt habe, der könne „nur den Einen hehren Beruf" kennen, nämlich den, „sich dem erhabenen Kampf für das Volk zu opfern". Er wollte, daß die Republik einer etwas unbestimmten Vorstellung vom Reich entspreche. 1936 schrieb er in einem Brief, die höchste Erfüllung des Deutschen sei „das Reich, sagen wir ruhig das Universalreich", „das Heilige Reich, der Humanismus, die Klassik". Ein Jahr später nannte er die Ende des 13. Jahrhunderts erbaute Marienburg in Ostpreußen „ein spätes aber echtes Zeugnis des Reichs". Auf der Abschlußreise seines Kriegsakademiejahrgangs im Juni 1938 erreichte Stauffenberg, daß der Jahrgang gemeinsam die Kaiserdome besichtigte, und erläuterte dabei selbst Architektur und Geschichte der Bauten. Bei der Burg Stahleck oberhalb Bacharach gegenüber Kaub hielt er eine Rede über den Rhein als Mittelpunkt des Ringens um die Vorherrschaft in Europa in den letzten

Jahrhunderten. Der Größe des Reiches in seiner neuen, völkischen statt monarchischen Form gab er eine zentrale Stelle. Er sprach von der Notwendigkeit, daß die ehemaligen Gegner des Weltkrieges sich rechtzeitig versöhnten, ehe die letzte Schlacht am Rhein gegen die neue, östliche, uneuropäische Sowjetmacht geschlagen werden müsse. Im April 1940 arbeitete er an einem Vortrag über den mittelalterlichen Reichsgedanken, den er auf Grund der Staatsbriefe Kaiser Friedrichs II. vor den Offizieren des Stabes seiner Division halten wollte. Als er nach seinem Einsatz als Führungsoffizier der 10. Panzer-Division in Tunesien im Frühjahr 1943 schwer verwundet im Lazarett lag, sagte er seiner Frau, es sei nun an ihm, etwas zu tun, um das Reich zu retten. Ein Jahr später wußte er, daß dies gar nicht mehr möglich war. Der Reichsgedanke war dann für ihn gewiß nicht abgelegt. Aber es ging ihm nicht mehr in erster Linie um das Vaterland, nicht einmal in erster Linie um seine Frau und seine Kinder, sondern, wie er im Juni 1944 sagte, „um das ganze deutsche Volk", nicht um das Reich als staatliche Form der Deutschen, als die größte Macht in Europa und als Großmacht in der Welt, sondern schlicht um die Menschen.

Seit Oktober 1936 besuchte Stauffenberg die nach den Jahren des Regimes des Versailler Vertrages 1935 wieder eröffnete Kriegsakademie in der Kruppstraße in Berlin-Moabit.

In der Zeit des 100 000-Mann-Heeres legten jährlich eintausend Kandidaten die sogenannte Wehrkreisprüfung ab, deren Erfolg Voraussetzung war, um fur die Zulassung zur Ausbildung für den Generalstab (als „Führungsgehilfen", der Vertrag von Versailles verbot den Generalstab) berücksichtigt zu werden. Ebenso war die Kenntnis der bis dahin erschienenen Bände der vom Reichsarchiv veröffentlichten Geschichte des Weltkrieges vorgeschrieben. Für die Zulassung zur Wehrkreisprüfung war nun auch die Lektüre von Hitlers *Mein Kampf* Voraussetzung. Als Stauffenberg Adjutant auf der Kavallerieschule in Hannover war, kaufte seine Frau deshalb 1935 zähneknirschend die billigste broschierte Ausgabe. Da jährlich rund einhundert Kriegsschüler aufgenommen wurden, bedeutete die Zulassung zur Kriegsakademie eine Auszeichnung. Unter den besonders befähigten Kandidaten, die zur Kriegsakademie zugelassen wurden, ragte Claus Stauffenberg durch seine Begabung für alle operativen, taktischen und organisatorischen Aufgaben des Generalstabsdienstes, durch Geist, Temperament und Redegewandtheit hervor.

Im großen Rahmen wurde in der Kriegsakademie fast nur die Umfassung geübt, kaum je der Durchbruch oder die Verteidigung. Neuartige Verbände wie Panzer-Divisionen, Panzerabwehr-Abteilungen und Luftlande-Divisionen spielten jedoch eine beträchtliche Rolle im Unterricht. Obwohl Kriegswirtschaft und Wehrtechnik zugunsten der Taktik an der Kriegsakademie vernachlässigt wurden, brachte Stauffenberg für diese Gebiete einen größeren Horizont mit und erwarb sich gute Kenntnisse, zumal in Gesprächen mit einem amerikanischen Gast im Nachbarhörsaal, Hauptmann Albert Wedemeyer. Stauffenberg las alle erreichbaren Militärzeitschriften, sowie englische Zeitungen, und nach dem Urteil eines seiner Lehrer interessierte er sich fast mehr für Politik und Militärpolitik als für die rein militärische Tätigkeit.

Als der Kriegsminister Generalfeldmarschall Werner von Blomberg und der Oberbefehlshaber des Heeres Generaloberst Werner Freiherr von Fritsch im Januar 1938 unter fingierten Vorwürfen sittlicher Verfehlungen zum Rücktritt gezwungen wurden, nachdem sie im November 1937 gegen Hitlers Ankündigung seiner ersten Eroberungspläne (Österreich, Tschechoslowakei) Einspruch erhoben hatten, erfuhr Stauffenberg davon durch seinen Regimentskameraden Bernd von Pezold und den stellvertretenden Berliner Polizeipräsidenten Fritz-Dietlof Graf von der Schulenburg, den er durch seinen Onkel Nikolaus von Üxküll, der früher Oberstleutnant im k.k. österreichischen Generalstab war, und durch den Vetter Cäsar von Hofacker kannte. Er erhob sich in seinem Hörsaal in der Kriegsakademie und forderte Aufklärung über die Gründe der Entlassung des Oberbefehlshabers des Heeres. Gegenüber einem Vetter und etwas später gegenüber seinem Divisionskommandeur äußerte sich Stauffenberg empört über die Behandlung des Oberbefehlshabers und sparte nicht mit Kritik an den anderen Generalen, die gegen solche Behandlung des Oberbefehlshabers nicht Stellung genommen hatten.

Auf der Abschlußübung seines Kriegsakademiejahrgangs im Juni 1938 wurde im Armee-Korps-Rahmen die Verteidigung gegen das mit der Tschechoslowakei verbündete Frankreich im Fall eines deutschen Angriffs gegen die Tschechoslowakei geübt. Die Übungslage setzte die Verfolgung des geschlagenen Gegners im Osten durch die dort angreifenden Verbände voraus, während im Westen die deutsche Grenze lediglich verteidigt werden sollte. Hierfür hatten die ihr Studium abschließenden Kriegsakademiker zu sorgen. Die vom Chef des Generalstabes des Heeres General Ludwig Beck angeordnete Übung ergab, daß elf Tage nach dem Beginn des Angriffs die Tschechoslowakei noch nicht besiegt war, während die deutschen Kräfte an der Westfront sich auf die Rhein-Neckarlinie zurückziehen mußten.

Stauffenberg sprach in seiner Rede über den Rhein bei der Abschlußfeier von den um den europäischen Strom und um die Vorherrschaft in Europa geführten Kämpfen. Europa wäre ethisch und religiös „ermattet", wenn nicht 1918 die Schlacht am Rhein vermieden worden wäre. Dann fragte er, was geschähe, wenn die neue uneuropäische Macht aus dem Osten in einen Kampf der europäischen Völker eingreifen würde.

Zum 1. August 1938 erhielt Stauffenberg seine erste Verwendung in einem Divisionstab. Er kam auf die zweite Stabstelle, die Quartiermeisterstelle (I b) in der 1. Leichten Division in Wuppertal, eine in der Entstehung begriffene Panzer-Division.

Innerhalb weniger Wochen mußte er, während er die bisher nicht eingerichtete Stabstelle aufbaute, seine Kenntnisse in einer Krisenlage anwenden, die der in der Abschlußübung angenommenen glich. Hitler hatte die Zerschlagung der Tschechoslowakei befohlen, Frankreich und England traten ihm mit diplomatischen Mitteln entgegen, schließlich aber auch durch Einberufung der französischen Reservisten und Mobilisierung der englischen Kriegsflotte, so daß Hitler zurückwich und sich, immer unter Drohungen, mit der Abtretung des Sudetenlandes begnügte. Stauffenberg glaubte nicht, daß es zum Krieg kommen werde. Einem Kameraden aus seinem Regiment sagte er, Hitler habe bis jetzt alles ohne Krieg erreicht, Hitler kenne die Schrecken des Krieges und wolle deshalb sicher keinen herbeiführen, der dann wahrscheinlich gegen die ganze Welt geführt werden müßte und auch deswegen irrsinnig wäre. Als er aber später erfuhr, wie nahe man dem Krieg gewesen war und wie frivol Hitler mit dem unfertigen, unvorbereiteten, zahlenmäßig viel zu kleinen Heer geblufft, mit dem Leben der Soldaten gespielt hatte, gab Stauffenberg seiner Empörung offen Ausdruck. Ebenso empört war er über den November-Pogrom. In Wuppertal wurden die beiden Synagogen von SA-Leuten abgebrannt, den vielen Geschäften, die Juden gehörten, wurden die Scheiben eingeschlagen.

Im Stab der Division entwickelte Stauffenberg sein Talent in der Organisation und Versorgung. In den Feldzügen des Zweiten Weltkrieges erwies sich, wie sehr die Versorgung einer Division mit Treibstoff, Waffen, Munition, Ersatz und Nahrung über die Schnelligkeit ihrer Operationen entschied. Die Kompetenz des Quartiermeisters war schlachtentscheidend. Anläßlich seiner endgültigen Versetzung in den Generalstab im Herbst 1939 wurde Stauffenberg als über dem Durchschnitt der Generalstabsoffiziere befähigt beurteilt. 1943 hielten der damalige Chef des Generalstabes des Heeres und der für Generalstaboffiziere zuständige Abteilungsleiter ihn für die „höchsten militärischen Stellen" geeignet. Die „höchsten militärischen Stellen" waren die des Chefs des Generalstabes, des Oberbefehlshabers des Heeres und des Oberbefehlshabers der Wehrmacht.

Während der Kriegsakademiezeit wohnte Stauffenberg mit seiner Familie in Wannsee. Die Beziehung durch den Vetter Cäsar von Hofacker, der in Steglitz wohnte, und durch den Onkel Üxküll in Zehlendorf zu Fritz-Dietlof Graf von der Schulenburg wurde schon erwähnt. Berthold Stauffenberg kannte schon Adam von Trott zu Solz und kam schon vor

Ausbruch des Krieges mit Moltke in einem Ausschuß zur Bearbeitung von seekriegsrechtlichen Fragen zusammen. Stauffenbergs Vetter Peter Graf Yorck von Wartenburg, der beim Reichskommissar für die Preisbildung, dem vormaligen Oberpräsidenten in Breslau und Gauleiter von Nieder- und Oberschlesien Josef Wagner tätig war, wohnte ebenfalls in der Nähe in Dahlem, und dort traf Stauffenberg außer Schulenburg Albrecht von Kessel, Ulrich Graf Schwerin und Trott, die sich alle später in der Verschwörung gegen Hitler zusammenfanden. Trott war schon Anfang und Mitte der dreißiger Jahre gegen die Nationalsozialisten eingestellt, Schulenburg gehörte zu den Verschwörern, die 1938 Hitler anläßlich der Kriegdrohung gegen die Tschechoslowakei zu stürzen suchten. Durch Schulenburg erhielt Stauffenberg Kenntnis von der Verschwörung. Offenbar sagte er damals seiner Frau nichts davon, ließ aber ein Jahr später den Freund Rudolf Fahrner merken, daß er etwas darüber wußte. Der spätere Weg zum 20. Juli 1944 war hier vorbereitet.

# III. Soldatentum

Von früher Kindheit an wollte Claus Stauffenberg Soldat werden. Im Ersten Weltkrieg begeisterte er sich und bestand darauf, in den Krieg zu ziehen, sobald er alt genug wäre. Als ihm seine zweieinhalb Jahre älteren Brüder sagten, sie könnten in zehn Jahren in den Krieg, er aber noch nicht, war er untröstlich, die Mutter mußte ihn lange beruhigen und versprechen, sie werde heldisch sein und alle ihre Buben in den Krieg ziehen lassen.

Militärdienst hatte in der Familie Tradition. August Neidhardt Graf von Gneisenau, der Vorfahr auf der Mutterseite, war Vorbild, in neuerer Zeit waren der Vater württembergischer Major, der Bruder der Mutter österreichischer Oberstleutnant im Generalstab und der Bruder des Vaters als Oberstleutnant Kommandeur des bayerischen 1. Schweren Reiter-Regiments. Nach dem Krieg fiel es vielen schwer, ihre staatstragende Gesinnung von der Monarchie auf die Republik zu übertragen, auch Claus Stauffenbergs zarte Gesundheit legte den Militärdienst als Beruf nicht nahe. Aber seinen „Entschluß", Architekt zu werden, begründete er 1923 in einem Schulaufsatz mit dem Wunsch, des „Kampfes fürs Vaterland würdig zu werden und dann sich dem erhabenen Kampf für das Volk zu opfern: ein Wirklichkeits- und Kampfbewußtes Leben führen". 1925 entschloß er sich mit großer Leidenschaft, trotz anfälliger Gesundheit, Offizier in der Reichswehr zu werden.

Die Regimentskommandeure waren allein verantwortlich für den gesamten Offiziernachwuchs. Sie entschieden, welche Offizierbewerber sie für das Regiment annahmen. Später, nach zwei bis drei Jahren Ausbildung auf den Kriegschulen für die Waffengattungen, schlug der Regimentskommandeur den Offizieranwärter, der inzwischen Oberfähnrich war, mit Zustimmung seines Offizierkorps, also auf Grund einer Offizierwahl, zur Beförderung zum Leutnant vor.

Es gab weit weniger Offizierstellen als Anwärter. Die Stärke des deutschen Heeres betrug 1913 etwa 808 000 Mann einschließlich der Unteroffiziere und Offiziere. Der Deutschland 1919 aufgezwungene Friedensvertrag von Versailles setzte die Gesamtstärke des Heeres, einschließlich Offiziere und Depotpersonal, auf 100 000 Mann fest und die der Offiziere einschließlich des Personals der Stäbe, zu dem auch Unteroffiziere gehörten, auf keinesfalls mehr als 4 000. Das gesamte Heer durfte nur in sieben Infanterie- und drei Kavallerie-Divisionen gegliedert sein. Es durfte ausschließlich zur Aufrechterhaltung der Ordnung innerhalb der deutschen Grenzen und als Grenzschutz eingesetzt werden. Die Aussichten für Offizieranwärter waren also äußerst beschränkt. Wegen seiner schwachen Gesundheit hätte Stauffenberg beim 18. Reiter-Regiment in Stuttgart-Cannstatt oder Ludwigsburg mit Zurückweisung rechnen müssen und bewarb sich deshalb, und auch auf Grund der Familientradition, beim Reiter-Regiment 17 in Bamberg. Die Regimenter pflegten nahe Verwandte früherer Angehöriger des Verbandes besonders zu berücksichtigen. Das Bamberger 17. Reiter-Regiment war bei der Verminderung des Heeres aus den bayerischen Kavallerieverbänden zusammengezogen worden, zu denen das bayerische 1. Schwere Reiter-Regiment gehört hatte, dessen Kommandeur Onkel Berthold am Ende des Krieges gewesen war. So kam Stauffenberg zum Bamberger Reiter-Regiment.

In den ersten Jahren hatte Stauffenberg Erkältungen und Magenerkrankungen zu überwinden, mit Entschlossenheit gewöhnte er seinen Körper an Anstrengungen und Entbehrungen. Dabei half ihm, daß er nicht sehr schmerzempfindlich war. In der Grundausbildung nahm er schon nach einigen Wochen an Kavallerieübungen zusammen mit Kraftfahrkampftruppen teil. Drei Monate nach seinem Eintritt in das Regiment, im Herbst 1926, wurden die Lanzen aus der Bewaffnung der Kavallerie ausgeschieden. Im zweiten und dritten Jahr kamen die Offizieranwärter zehn Monate auf die Infanterieschule in Dresden, wo sie in Hörsälen und am Maschinengewehr, Minenwerfer und im Pionierwesen ausgebildet wurden. Anschließend besuchten die Offizieranwärter der Kavallerie-Regimenter etwa ebenso lange die Kavallerieschule in Hannover. Anfang 1929 kehrte Stauffenberg zum Regiment nach Bamberg zurück. Zum 1. Januar 1930 wurde er Leutnant.

Unter den Kameraden im Regiment und auf den Schulen war Stauffenberg geschätzt und beliebt, er stand mit allen auf gut kameradschaftlichem Fuß, sein Lachen und seine offene Herzlichkeit galten als unwiderstehlich, mit seiner 1,82 Meter großen Gestalt, seinen dunklen Haaren und seinen blauen Augen war er eine beeindruckende Erscheinung und hatte zugleich in seiner oft leicht vorgebeugten Haltung und in der Lässigkeit seiner Kleidung etwas Unmilitärisches. Viele der Kameraden konnten sich als seine Freunde betrachten, doch schloß er kaum enge Verbindungen. Die wenigen engen Beziehungen Stauffenbergs im Militär, die aus der Zeit vor 1936 bekannt sind, hatte er zu zwei ein paar Jahre älteren Kameraden, Jürgen Schmidt und Bernd von Pezold, die beide der Dichtung und dem Denken Stefan Georges zugewandt waren. Beide wurden Generalstaboffiziere, Jürgen Schmidt fiel in Rußland, Bernd von Pezold kam in Stalingrad in Gefangenschaft und kehrte Jahre später schwer versehrt heim. Stauffenberg hielt sich fern von den üblichen Trink- und Tanzveranstaltungen, spielte lieber sein Cello oder las in der griechischen Odyssee, interessierte sich für Architektur und für die großen Meister der Malerei, an deren Werken Dresden reich war. Er hatte aber auch seinen eigenen Lebensplan: Das Streben nach großer Tat, die Identifikation mit dem Reich, und alles kam zusammen in dem vom Meister angekündigten Geheimen Deutschland. „In der Welt" diente er dem Volk und den Lebensinteressen des Reiches. Im idealen Bezirk sah er das zukünftige Deutschland vor Augen, das die Eigenschaften hatte, die er am Vorabend seines Attentats in seinem „Schwur" beschrieb.

Stauffenberg hatte tiefe, ideale Beweggründe für seinen Entschluß zum Soldatenberuf. Er hatte großen Tatendrang, aber er suchte auch *seine* große „Tat", wie er damals an Stefan George schrieb. Als Soldat war er von Berufs wegen bereit, jederzeit sein Leben zu geben, und sich dessen in allem Ernst

bewußt. 1937 schrieb er einem Freund von einer General-
stabsreise mit seinem Kriegsakademiejahrgang auf die ost-
preußischen Schlachtfelder bei Tannenberg und von seinen
Eindrücken von den Baudenkmälern der Zeit des Deutschen
Ordens. Aber er sah auch „das wesentlichste und verpflich-
tendste Denkmal, die über das ganze Land verstreuten Gräber
Deutscher Soldaten." Im Juni 1942 schrieb er nach einem Besuch bei Divisionen im Bereich der 6. Armee an den Armee-
oberkommandierenden, General der Panzertruppe Friedrich
Paulus, er habe da wieder gesehen, was man im Oberkommando des Heeres fern von der Truppe versäume, wie an der
Front „bedenkenlos der höchste Einsatz gewagt wird, wo ohne Murren das Leben hingegeben wird, während sich die Führer und Vorbilder um das Prestige zanken oder den Mut, eine
das Leben von Tausenden betreffende Ansicht, ja Überzeugung zu vertreten, nicht aufzubringen vermögen". Aus diesen
Worten sprach auch der Gedanke der Rebellion, vor allem
aber der Wunsch, wieder an die Front zu kommen, und die
Bereitschaft zum Einsatz des Lebens für die übernommene
Verpflichtung. Als er einige Monate später die Nachricht erhielt, daß Oberstleutnant Henning von Blomberg, mit dem er
in Wuppertal in Garnison war, als Kommandeur der Panzer-
Abteilung 190 in Tunesien gefallen sei, schrieb er der Witwe
einen herzlichen Kondolenzbrief, in dem auch die Sätze standen: „Als Soldat weiß ich, dass Er, der an der Spitze seiner
Mannschaft im Element seines Soldatentums, im Kampf den
Tod fand, am wenigsten zu beklagen ist, erfüllte er doch sein
Leben in einem Höhepunkt des Lebens. Und als Mensch
glaube ich dass der Himmel denen gnädig ist, die in der Erfüllung ihrer Aufgabe alles opfern."

Viele Offiziere teilten diese Haltung. Der Vetter Oberstleutnant Cäsar von Hofacker, der im Ersten Weltkrieg Flieger gewesen war und nun in der Militärregierung in Frankreich saß,
wünschte sich an die Front. Oberst i. G. Albrecht Ritter Mertz
von Quirnheim, ein Freund aus der Kriegsakademiezeit, der
im Juli 1944 mit Stauffenberg die Erhebung leitete und mit
ihm erschossen wurde, schrieb nach sechzehn Monaten Front-

dienst als Chef des Generalstabes eines Armee-Korps an der Ostfront von seiner Freude an der Kriegführung gegen einen so guten Gegner wie die Rote Armee es sei; „abgesehen von allen tieferen und weiteren Grundlagen unseres Kampfes", liege in dieser Tätigkeit „die Erfüllung und der Höhepunkt" seines Berufslebens: „Erst an den sichtbaren Erscheinungen des Krieges wird mir langsam der letzte Inhalt meines Berufes klar, der sich erst dann und dort zu erfüllen beginnt, wo andere Berufe u. Aufgaben zurückzutreten beginnen. Menschen zu führen in den Augenblicken, in denen wir an den Grenzen des Diesseits und Jenseits stehen, und mit Herz und Hirn um Fragen und Entscheidungen ringen, bei denen es immer um das Leben von Menschen geht."

In seinem Beruf erfüllte ihn „die brennende Sorge und Liebe zur Sache", schrieb Stauffenberg 1937 einem Kameraden, und ging dann tiefer: Er sei mit ihm einig, „dass nur der sein Vaterland, nur der seine Armee liebt, der sich selbst mit seinem ganzen Dasein mit verantwortlich fühlt, der auch sein privates Leben, seine Familie, Kinder mit in diese Verantwortlichkeit einbezieht".

Nach den Schulen und Lehrgängen für Infanterie-, Kavallerie-, Kraftfahr-, Artillerie- und Pionierausbildung wurde Stauffenberg 1934 Bereiteroffizier und 1935 Adjutant an der Kavallerieschule in Hannover. Mit dem späteren General der Panzertruppen Hans Cramer arbeitete er an der Verlegung der Schule nach Krampnitz bei Berlin und an ihrer Umbildung zur Panzertruppenschule. Nach Absolvierung des damals zweijährigen Studiums an der Kriegsakademie in Berlin wurde er im August 1938 zum Generalstab kommandiert als Quartiermeister der in der Aufstellung begriffenen 1. leichten Division, die im Herbst 1939 nach dem Polenfeldzug in 6. Panzer-Division umbenannt wurde.

1933 hatte Stauffenberg die Ernennung der Regierung Hitler begrüßt, die sich die Wiederherstellung der nationalen Selbständigkeit und die Vermehrung des Heeres zum Ziel setzte. Damals hatte Deutschland das vom Vertrag von Versailles vorgeschriebene Berufsheer von 100 000 Mann. Soldaten mußten 12 Jahre dienen, Offiziere 25 Jahre, also gab es keine Reservisten, die im Kriegsfall einberufen werden konnten, allenfalls eine geringe Zahl überalterter Veteranen. Wohl wurden die Bestimmungen des Vertrages in relativ bescheidenem Umfang übertreten. Unter dem Deckmantel aerodynamischer Versuchsanstalten entstand eine rudimentäre Luftwaffe, in der Sowjetunion wurden deutsche Panzermannschaften ausgebildet, die Modernisierung der Bewaffnung wurde vor 1932 vorbereitet. Frankreich hatte ein stehendes Friedensheer von 600 000 Mann, dazu 900 000 Reservisten, das mit Frankreich verbündete Polen hatte 284 000 unter Waffen und konnte 1,2 Millionen mobilisieren (Hitlers Nichtangriffspakt mit Polen vom Januar 1934 neutralisierte dieses Heer für den Augenblick), die ebenfalls mit Frankreich alliierte Tschechoslowakei hatte ein stehendes Heer von 110 000 Mann, Jugoslawien und Rumänien, die unter sich in der Kleinen Entente und zugleich mit Frankreich verbunden waren, hatten 110 000 bzw. 246 000 Mann unter Waffen. Das deutsche Heer wäre 1933 unfähig gewesen, die deutschen Grenzen gegen eine neue französische Intervention wegen Verletzungen des Vertrages von Versailles zu verteidigen. Es gelang Frankreich überdies 1935, sich mit der Sowjetunion, die ein stehendes Heer von 562 000 Mann hatte, gegen Deutschland zu verbünden und das Gleichgewicht zu seinen Gunsten zu verschieben. Hitler ging schrittweise vor, um mit bemessenen Herausforderungen, mit der Besetzung des entmilitarisierten Rheinlandes 1936, mit dem Anschluß Österreichs und der Annexion des Sudetengebiets 1938, der Besetzung der Resttschechei 1939, den Willen der Mächte zum aktiven Vorgehen gegen Deutschland zu prüfen. Als ihm der Abschluß des Nichtangriffvertrages mit der Sowjetunion gelungen war, hielt er sich nicht mehr zurück und begann den Krieg.

Sieht man von der moralischen Verurteilung des damals international akzeptierten und anerkannten Hitler-Regimes ab, so war unter den vorherrschenden internationalen Bedingungen für eine Vermehrung des deutschen Heeres immerhin einiges anzuführen. Stauffenberg befürwortete sie denn auch nicht etwa aus engem Berufsinteresse. Auch der Gedanke eines innenpolitischen Gegengewichts gegen die 1934 auf über drei Millionen Mann angewachsene Parteitruppe, die SA, war ihm nicht fremd. Im April 1933 war die von der Reichswehr vorbereitete bescheidene Heeresvergrößerung angelaufen, am 1. Oktober 1933 begann der eigentliche Heeresaufbau. Die Heeresleitung wollte das Heer bis 1938 allmählich auf 300000 Mann erweitern. Zur Ausbildung der nötigen Offiziere und Unteroffiziere, zum Bau der Einrichtungen, zur Entwicklung moderner Bewaffnung brauchte man Zeit, die Heeresleitung sträubte sich gegen Hitlers rücksichtsloses Drängen auf Erweiterung um mehrere hunderttausend Mann in wenigen Monaten. Wiederholte Einwände des Heerespersonalamts blieben jedoch ohne Wirkung und konnten nicht verhindern, daß die Erweiterung viel schneller vor sich ging, als es vom professionellen Standpunkt aus vertretbar schien. Die soziale und fachliche Homogenität des Offizierkorps sowie seine Altersstruktur wurden immer ungünstiger. Für das Friedensheer galt der Richtsatz von 7 % Offizieren im Verhältnis zur Gesamtstärke des Heeres. Im Herbst 1935 waren es nur noch 2,4 %. 1938 zählte das Offizierkorps des Heeres 22 600 Mann. Davon waren nur ungefähr ein Siebtel vor 1933 Offizier geworden. 5 435 waren überalterte kriegsgediente, bis zu fünfundvierzig Jahre alte, vor 1934 nicht mehr aktiv gewesene, reaktivierte „Ergänzungsoffiziere", etwa 1 200 waren ehemalige Offiziere der aufgelösten Landespolizeien, 1 600 kamen nach dem Anschluß Österreichs im März 1938 aus dem österreichischen Bundesheer. Etwa 1 500 bewährte Unteroffiziere wurden zu Offizieren befördert. 1938 erhöhte man die Altersgrenze für Ergänzungsoffiziere gar auf vierundfünfzig Jahre. Der Offizierbedarf des Friedensheeres war damit noch nicht einmal gedeckt. Dem Heeresgruppenkommando 2 in Frankfurt am Main z. B. fehlten noch 1939 rund 1 300 Offiziere. Zugleich war der qualitative Standard des Reichsheeres aufgegeben. 1935, beim Übergang vom Freiwilligenheer der Reichswehrzeit zum Wehrpflichtheer gab es im Heer etwa 200 zum Generalstabsdienst geeignet befundene Offiziere. Diese Zahl lag weiter unter dem Bedarf, so daß sogar Generalstabstellen im Oberkommando des Heeres teils mit Ergänzungsoffizieren besetzt werden mußten. Die Heeresleitung konnte auch nicht verhindern, daß der nationalsozialistische Parteieinfluß immer mehr in das Heer eindrang. 1938 hatten schon vier Rekrutenjahrgänge die „Hitler-Jugend" durchlaufen.

Stauffenberg war besorgt über die zu rasche Ausbildung der Soldaten und Kader, über das Eindringen der nationalsozialistischen Ideologie in das Heer. Er war besorgt wegen der Vulgarisierung des Soldatentums durch die allgemeine „Wehrertüchtigung" in der „Hitler-Jugend" und auch wegen der Nichtbeteiligung der militärischen Führung an außenpolitischen Entscheidungen, für die unter Umständen der Soldat sein Leben einsetzen mußte. Den Erwerb des Sudetenlandes durch Bluff hielt er für militärisch unverantwortlich.

Im Januar 1939 erschien in der *Militärwissenschaftlichen Rundschau* ein Aufsatz mit dem Titel „Vom Wesen des Soldatentums". Er stammte von Generalmajor Georg von Sodenstern, dem Chef des Generalstabes der von General Erwin von Witzleben geführten Heeresgruppe 2. Sodenstern schrieb von der Bindung des Soldaten an die Gemeinschaft der Kampf- und Todbereiten, vom Vertrauen von Mann und Offizier in eine verantwortungsvolle Führung. Der Geist soldatischer Pflichterfüllung, das Opfer des Lebens, sei der edelste Besitz der Nation. Er dürfe nicht Gegenstand trivialisierenden Tagesgesprächs sein, sondern sei als „Geheimnis" zu bewahren. Die überstürzte Aufstellung eines Massenheeres, die allgemeine „Wehrertüchtigung" von Millionen Jugendlichen, die oberflächliche Wehrpropaganda geben zu schwerer Besorgnis Anlaß. Aus dem Aufsatz sprach die Ahnung, daß Hitler auf die Aufopferung der Jugend des deutschen Volkes für seine Wahnideen hinsteuerte.

Stauffenberg las den Aufsatz sofort, nachdem er erschienen war. Er hatte sich, obwohl er nur ein zum Generalstab kommandierter Hauptmann war, soeben selbst einen Namen gemacht mit seinen „Gedanken zur Abwehr feindlicher Fallschirmeinheiten im Heimatgebiet", die 1938 in der Zeitschrift

*Wissen und Wehr* erschienen waren, und hatte auch keine Scheu, mit ausgesuchter Höflichkeit mit Höherrangigen in Verbindung zu treten. Er schrieb Sodenstern im März 1939 von seiner eigenen Sorge wegen der Trivialisierung des Soldatentums durch die rasche Heeresvermehrung und die Verkennung des im Krieg geforderten soldatischen Opfers. Die von Sodenstern genannte Krise werde zur schweren Gefahr, wenn das Vertrauen in die alle Zeitläufte überspannende Gültigkeit „des aristokratischen Grundgesetzes soldatischer Staats- und Lebensauffassung" den Berufensten verloren gehe. Gewiß sei der Offiziernachwuchs zum Teil schon selbst Masse mit ihren erstickenden Gefahren. Gelinge es aber auch nur verschwindend wenigen Offizieren, „den unbestechlichen Blick für das Echte und Entscheidende zu wecken und die unvergängliche Haltung des Offiziers, des Herrn, zu festigen, dann haben wir die Schlacht schon halb gewonnen".

Es gehe ihm, Stauffenberg, aber nicht um diese oder jene Richtung, „nicht um Opposition aus Herkommen oder Erziehung oder Beruf, nur um das Reich". Viele meinten, allein die gewaltigen, „ausserhalb unsrer Reihen" stehenden Kräfte hätten das Reich gemehrt und die Wehrmacht ohne ihr Zutun „in den Sattel gehoben", so daß man sich ruhig in seinen fachlich-beruflichen Bereich zurückziehen könne. Das sei aber falsch: „Soldat sein, und insbesondere soldatischer Führer, Offizier sein heisst, Diener des Staats, Teil des Staats sein mit all der darin inbegriffenen Gesamtverantwortung."

Daraus zog Stauffenberg den bedeutungsvollen Schluß: „Wir müssen nicht nur um die Armee im engeren Sinn zu kämpfen wissen, nein, wir müssen um unser Volk, um den Staat selbst kämpfen, im Bewusstsein, dass das Soldatentum und damit sein Träger, das Offizierkorps, den wesentlichsten Träger des Staates und die eigentliche Verkörperung der Nation darstellt." Denn es werde „im grossen völkischen Entscheidungskampf um Sein oder Nichtsein der Nation dem Soldatentum die Verantwortung zufallen".

Stauffenberg sagte damals im März 1939 nicht mehr und nicht weniger als daß das Offizierkorps des Heeres Hitler und den Nationalsozialisten die Führung der Nation wegnehmen solle. Im Krieg, als der Feldzug gegen die Sowjetunion noch Erfolg zu versprechen schien, nannte er die Nationalsozialisten „die braune Pest", mit der das Heer nach seiner siegreichen Rückkehr aufräumen werde. Im August 1942 sprach er mit einem Kameraden in seiner Generalstababteilung über die Verantwortung des Generalstabes für die Führung. Im Winter 1942/43 sagte er einem Kameraden, der von der Verantwortung der militärischen Führung sprach: „Ja, wir sind auch die Führung des Heeres und auch des Volkes und wir werden diese Führung in die Hand nehmen."

Mit dem Verhältnis des Soldatentums zur Politik setzte Stauffenberg sich unaufhörlich auseinander, an seinem Grundstandpunkt änderte sich nichts. Stauffenberg war keineswegs kriegsbegeistert an sich. Aus seinem Brief an Sodenstern vom März 1939 geht hervor, daß er einen Krieg für denkbar hielt, der Deutschland als Wiederholung des Kampfes um die „Selbstbehauptung" noch einmal, wie im Ersten Weltkrieg, aufgezwungen würde. Er war aber doch überrascht von der Besetzung Prags und der Resttschechei unter Bruch des Münchner Abkommens vom vorigen Herbst. Im April 1939 sagte er Rudolf Fahrner: „Der Narr macht Krieg." Hitler legte es auf den „Entscheidungskampf um Sein oder Nichtsein der Nation" an.

Zugleich lebte Stauffenberg doch in dem inneren Widerspruch zwischen dem Wunsch nach Frieden und der natürlichen Neigung, das erlernte „Handwerk" der Kriegskunst auf dem Höhepunkt seines Könnens auszuüben. Als der Krieg kam, war Stauffenberg Soldat mit Leib und Seele. Seinem Buchhändler in Wuppertal erklärte er, als dieser im August 1939 wie immer über die Politik und nun über den bevorstehenden Krieg lamentieren wollte, der Krieg sei schließlich sein Handwerk von Jahrhunderten her.

Als nach Hitlers Überfall auf Polen am 1. September 1939 Großbritannien und Frankreich am 3. September Deutschland den Krieg erklärten, meinte Stauffenberg, wenn es den Westmächten ernst sei, werde der Krieg zehn Jahre dauern. Nach den harten Gefechten des September und Oktober in Polen kam Stauffenberg begeistert zurück. Sein Erfahrungsbericht über den Feldzug bezeichnete die technischen Mängel, die im Krieg mit einem stärkeren Gegner gefährlich werden konnten: ungenügende Versorgung mit Treibstoff und Ersatzteilen, Unübersichtlichkeit der Depotbestände der Armee-Oberkommandos, mangelhafte Transportmittel, schwerfällige Funkverbindungen.

Ende 1939, vor der Annahme des Manstein-Planes* zur Durchbruchschlacht durch die Ardennen, waren viele Offiziere, die über die Euphorie des Sieges in Polen hinaus die großen Mängel der eigenen Rüstungen erkannten, bedenklich. Stauffenberg glaubte, wie er über Weihnachten zuhause äußerte, „daß nur in einem guten u. langen Kampf das hohe Ziel der Selbstbehauptung erreicht werden kann". Sein Stellvertreter als Versorgungsoffizier der Division, Rittmeister der Reserve Erwin Colsman, sprach Anfang Januar vor den Offizieren der Division vom Kampfwillen und ließ die zu erwartende Niederlage anklingen: es genüge, wenn die Truppe sich nach vier Jahren Krieg wieder so gut schlage wie 1918 und wie damals mit wehenden Fahnen, nicht mit roten Fetzen, über den Rhein zurückginge.

Diese Art Besorgnis war so verbreitet, daß der Divisionskommandeur Generalmajor Werner Kempf in einem geheimen Rundschreiben „Vom Wesen des Angriffs" seinen Offizieren solche Gedankengänge als gefährlich und dem Wesen des Angriffs widersprechend verwies. Wesen und Ziel des entscheidungsuchenden Angriffs sei Durchbruch oder Umfassung, und Verfolgung bis zur Vernichtung** des Gegners. Im

---

* Generalleutnant Erich von Manstein war bis 1. Februar 1940 Chef des Generalstabes im Oberkommando der Heeresgruppe A und anschließend Kommandierender General des XXXVIII. Armee-Korps.

** „Vernichtung" bedeutet in der militärischen Sprache die Zerstörung der Kampfkraft der gegnerischen Verbände, also der Waffen, Munition, Transportmittel, Nachrichtenverbindungen, Verpflegung, die Gefangennahme oder Versprengung der Offiziere, Stäbe und Mannschaften, also nicht notwendigerweise das Töten der gegnerischen Soldaten.

Westen sei auch der Gegner beweglich, und so müsse der Angriff „mit *größter Schnelligkeit* und Wucht unaufhörlich *weit in die Tiefe*" vorgetragen werden.

Die Division übte wochenlang an den Steilhängen der Lahn den Übergang über die Maas und den Durchbruch durch die französischen Bunkerstellungen. Fragen der Offiziere nach Panzersperren, nach der Stärke gegnerischer Stellungen, nach dem Durchmarsch durch die wegearmen Ardennen wurden mit dem Verweis auf die Denkschrift „Vom Wesen des Angriffs" beschieden. Tatsächlich gab es beim Beginn des Angriffs im Westen einige Verwirrung, als in der Eifel vorrückende Divisionen auf andere aufliefen, deren Weitermarsch sich verzögert hatte, und auf der Vormarschstraße auf über hundert Kilometer auseinandergezogene Verbände sich ineinanderschoben. Am 15. Mai überquerten die Kampfgruppen\* der Division bei Monthermé die Maas. Meist überschritten sie die vorgegebenen Tagesmarschziele, auf Fragen nach dem nächsten Ziel antwortete ein Kampfgruppen-Kommandeur nur: „Zur Küste!" Am 20. Mai erreichte die zur Division gehörende Panzer-Aufklärungs-Abteilung 57 zwischen Abbéville und Montreuil schon fast das Meer, am 22. Mai begann die Division den Angriff auf Calais. Da wurde plötzlich der Schwerpunkt des Vormarsches der deutschen Armeen vom linken Flügel südlich Dünkirchen auf den rechten im Norden verlagert. Die Kampfgruppen der 6. Panzer-Division mußten mit blutigen Verlusten die zäh und mit großer Feuerkraft verteidigten Vorwerke des englischen Brückenkopfes um Dünkirchen angreifen, insbesondere Cassel westlich der belgischen Grenze. Die Massen des britischen Expeditionskorps entkamen aus dem Raum Dünkirchen.

Am 27. Mai schrieb Stauffenberg seiner Frau die „traurige Nachricht", er sei in die Organisationsabteilung des Generalstabes des Heeres versetzt. Er empfand es schwer, „mitten aus

---

\* Divisionen kämpften durch Aufteilung in zwei bis drei kleinere Verbände, sogenannten Kampfgruppen aus etwa 3 Bataillonen bzw. Abteilungen, z. B. je einem Panzer- und einem Schützen-Bataillon, einer Artillerie-Abteilung, und je einer Panzerabwehr- und einer Pionier-Kompanie.

dem Krieg und den ruhmvollsten Operationen" herausgerissen zu werden. Sein Organisationstalent und seine Tatkraft, mit der er unermüdlich für Nachschub sorgte, sogar für Treibstofflieferung mit Flugzeugen, hatten zu dem raschen Siegeszug seiner Division und damit zum Ausgang des Feldzuges entscheidend beigetragen. Seine Versetzung in das Oberkommando des Heeres bedeutete eine hohe Bewertung seiner Leistungen und seiner Fähigkeiten.

Am Ende des Frankreichfeldzuges hatte der Erfahrungsbericht der Quartiermeisterabteilung der 6. Panzer-Division, den Stauffenberg großenteils verfaßte, weniger Mängel zu verzeichnen als nach dem Feldzug in Polen. Die Funkverbindungen zwischen der Führungsabteilung (Ia) der Division und ihren Kampfgruppen waren noch schwerfällig, der Gefechttroß zu groß und unübersichtlich. Die Versorgung war aber gegenüber den Verhältnissen im Polenfeldzug sehr gut.

In einem Brief an die Familie – seine Frau schrieb seine Briefe aus dem Feld ab und reichte sie weiter – äußerte Stauffenberg Mitgefühl angesichts „der großen englischen Tragödie". Aber wenn nun keine politische Lösung des Konflikts gefunden werde, dann müsse der Kampf bis zum Sieg über England weitergeführt werden. Einige Wochen später im Juli 1940 war er weniger zuversichtlich und meinte, „die englische Zähigkeit und die Möglichkeit des Ausweichens der englischen Regierung nach Kanada mit der Masse der zu rettenden Machtmittel" lasse viele Möglichkeiten offen. Der Sieg über Frankreich freute ihn mit der Einschränkung, der deutsche Erfolg zeige, daß „die schroffste Umwandlung, ja Umkehr" wahrscheinlicher sei als ein Beharren auch nur für wenige Jahre. Stauffenberg hatte auch jetzt noch Bedenken, ob Deutschland den Krieg gewinnen könne.

Stauffenberg erkannte Hitlers militärische Begabung und sein „Gespür für Militärisches" an. Er war aber weit davon entfernt, den „Führer" mit einem Fachmann zu verwechseln. Hitler habe im Gegensatz zu seinen Generalen erkannt, daß die französischen Grenzbefestigungen (Maginotlinie) zu durchbrechen seien, habe aber bei der Einkesselung der englischen

Armee bei Dünkirchen einen schweren Fehler begangen. Von der unterlassenen Verfolgung des geschlagenen Feindes über den Kanal sprach Stauffenberg nur mit Verachtung. Er sah in Hitler den Dämon des Krieges, aber auch den Dilettanten.

Im Oberkommando erlebte Stauffenberg vieles, was seinen Idealismus dämpfte und ihm die noch verbliebenen Illusionen über die führende Schicht im Heer und in der Regierung vollends nahm. Dazu gehörte eine chaotische Führungstruktur. In seinen Vorträgen vor Generalstablehrgängen pflegte Stauffenberg zu sagen, die Kriegsspitzengliederung der Wehrmacht sei noch unsinniger, als sie es wäre, wenn die fähigsten Generalstabsoffiziere den Auftrag bekommen hätten, die unsinnigste Kriegsspitzengliederung zu erfinden.

Zunächst mußte er nach dem deutsch-französischen Waffenstillstand vom 25. Juni in der Organisationsabteilung am Umbau des Heeres von einer Streitmacht von 165 Divisionen auf eine von 120 Divisionen arbeiten, während zugleich die Panzer- und die motorisierten Divisionen zu vermehren waren. Seit 7. August mußte seine Abteilung die „Friedensaufgaben" zurückstellen und das Feldheer wieder um 60 Divisionen auf 180 vermehren. Denn nun galt es, auf Hitlers Befehl die „Schlagkraft im Osten" herzustellen, also den Krieg gegen die Sowjetunion vorzubereiten.

Trotz seiner Nüchternheit und Skepsis gegenüber dem Fortgang des Krieges war Stauffenberg kein Grübler und Zauderer. Stand er einmal im Kampf, so schlug sein Soldatenherz. Das Handeln des schaffenden Geistes aus dem Augenblick in der Kriegskunst zog ihn an. Deshalb sei aus den Schlachten Napoleons so viel zu lernen, mehr als aus der schönsten Schulstrategie, wie sie der frühere und verehrte Generalstabchef Generalfeldmarschall Alfred Graf von Schlieffen vertreten hatte, „nur eben weil die ersten menschlich gefüllter sind". 1930 hatte Stauffenberg eine Studie über die Schlacht von Issos (333 v. Chr.) geschrieben und die Vorzüge des Durchbruchs hervorgehoben gegenüber der von Schlieffen vertretenen Lehre von der Umfassung. In seiner „Rhein-Rede" zum Abschluß der Kriegsakademie bei der Burg Stahleck hatte

Stauffenberg von dem zeitlosen Soldatentum gesprochen, dem er sich verpflichtet hatte, und den „siegeszug des zeit- und heimatlosen Erobrerkaisers" Napoleon als „besitz und vorbild deutschen soldatentums" bezeichnet. Statt Napoleon zu schmähen, müsse man ihm dankbar sein, weil er durch „seinen kaiserlichen wandel einer kleingewordenen welt" einen neuen Maßstab setzte und weil durch ihn das deutsche Volk zu sich und zur befreienden Tat gefunden habe. In Alexander und in Napoleon bewunderte Stauffenberg die Einheit von Staatsmann und Feldherr, das Genie zum Handeln im großen, umfassenden Rahmen. In Hitler sah er damals diese selben Eigenschaften. Auf einem Urlaub sagte er seinem Buchhändler in Wuppertal, Hitler habe Sinn für die größeren Zusammenhänge. Es sei richtig gewesen, den Engländern bei der Besetzung von Norwegen zuvorzukommen, und Hitler habe gegen das Urteil seiner Generale erkannt, daß die Maginotlinie zu durchbrechen sei. Es sei, in diesem strategischen, militärisch-schöpferischen Sinne, geistig anregend, in Hitlers Nähe zu arbeiten. Hitler habe mit der Unterlassung der Verfolgung des geschlagenen Feindes bei Dünkirchen einen verachtungswürdigen Fehler gemacht, den er gewiß nicht wiederholen werde. Was immer er früher über den Kleinbürger Hitler gesagt habe: „Der Vater dieses Mannes war kein Kleinbürger. Der Vater dieses Mannes ist der Krieg."

Es ist also wenigstens teilweise verfehlt, für 1940 und 1941 nach Stauffenbergs Ansichten zum Krieg gegen die Sowjetunion zu fragen. Man muß zu dieser Zeit vor allem nach seiner Ansicht vom soldatischen Handwerk fragen. Man wird feststellen, daß er es bei Hitler in fähigen Händen sah. Er scheint das bolschewistische Rußland als Bedrohung Europas von kataklysmischen Ausmaßen gesehen zu haben, wie er 1938 in seiner „Rhein-Rede" angedeutet hatte. Er hielt einen Zweifrontenkrieg für falsch und meinte, erst müsse England zum Frieden gezwungen werden. Aber nach dem Angriff im Osten richtete er seine Gedanken auf Sieg. Er sah den Sinn des Krieges in einer Erneuerung der Lebensverhältnisse durch Befreiung vom Bolschewismus, und in der von der Führung propagierten „Neuordnung Europas". In Gesprächen führte er als Beispiel Caesars Politik nach der Unterwerfung Galliens an, zumal die Einführung der Gesetze und Kultur des römischen Reiches ohne Einmischung in die religiösen Verhältnisse Galliens. Er stellte sich eine Politik der Befreiung vor, nicht hemmungslose Ausbeutung, nicht hunderttausendfache Morde, nicht millionenfaches Hinsterbenlassen der Kriegsgefangenen.

Stauffenberg war mit vierunddreißig Jahren Anfang 1941 Major im Generalstab geworden, er war noch von Schwung und Zuversicht beseelt. Der spätere Mitverschwörer General Friedrich Olbricht hatte am Morgen des Angriffs gegen Rußland das deutsche Heer mit einem Windhauch verglichen, der über die weiten russischen Steppen wehen würde, ohne bleibende Spuren zu hinterlassen. Dieser Weitblick fehlte Stauffenberg. Wie die meisten Offiziere im Generalstab überschätzte er die deutschen Kräfte und unterschätzte die der Sowjetunion, wie er im Januar 1942 selbst bekannte.

Elf Tage vor dem Angriff, am 11. Juni 1941, erließ Hitler seine Weisung Nr. 32, die den Umbau des Heeres nach dem Feldzug im Osten und die Verlagerung der Rüstung auf Marine und Luftwaffe befahl. Der Feldzug entwickelte sich aber fast von Anfang an zum Debakel, schon im Juli und August 1941, als der Chef des Generalstabes des Heeres, Generaloberst Halder, und natürlich Hitler, noch vom bereits gewonnenen Feldzug sprachen.

Am Beispiel der 10. Panzer-Division, deren erster Generalstabsoffizier, Major i. G. Ulrich Bürker, 1939 und 1940 mit Stauffenberg im Stab der 6. Panzer-Division gewesen war, erfuhr Stauffenberg, wie die schlagkräftigsten Verbände des Heeres, die er selbst mit aufgebaut hatte, unerreichbaren Zielen geopfert wurden, daß am 2. Dezember 1941 eines der Regimenter der Division nur noch aus 237 Soldaten einschließlich Offizieren und Unteroffizieren bestand, daß das Panzer-Regiment 7 am 2. Oktober 1941 mit 180 Panzern zum Angriff angetreten war und am 3. Dezember nur noch 36 Panzer hatte, und daß kein Nachschub verfügbar war. Ende

März 1942 waren von 162 Infanterie-Divisionen nur 8 für Angriffsoperationen einsatzbereit. Die 16 Panzer-Divisionen hatten zusammen noch 140 Panzer, weniger als den normalen Bestand einer einzigen Panzer-Division.

Als es dann nach wenigen Wochen Operationen an allem fehlte, als weder Menschen- noch Materialersatz genügten, als die wenigen Eisenbahnen und verschlammten Straßen den nötigen Transport über Tausende von Kilometern nicht bewältigen konnten, als die nötige Winterkleidung in der Erwartung des schnellen Sieges nur für achtundfünfzig Divisionen zur Besetzung des unterworfenen Landes statt für die hundertachtzig tatsächlich an der Ostfront eingesetzten Verbände bereit lag und nicht einmal diese nach vorn gebracht wurde, weil Munition und Waffen zum letzten Sturm auf Moskau Vorrang hatten, mußte Stauffenberg die Katastrophe erkennen, wehrte sich aber noch gegen die Erkenntnis und stimmte Hitler zu, der „alles auf eine Karte setzte" zur Eroberung der Hauptstadt des Feindes. Das Bild aus dem Vokabular des Spielers schien Stauffenberg nicht zu stören.

Später, in den 1943 und 1944 vorbereiteten Aufrufen für den Tag des Umsturzes, erklärten Stauffenberg und die Mitverfasser der Entwürfe, die Soldaten seien über den Krieg getäuscht worden: „Niemals in der deutschen Geschichte hat eine militärische Führung mit größerer Skrupellosigkeit die edle Einrichtung der allgemeinen Wehrpflicht und das Vertrauen mißachtet, das Soldaten ihr entgegengebracht haben." Aber erst für Juli/August 1942 ist bezeugt, daß Stauffenberg Hitler nun auch als verbrecherischen militärischen Führer verurteilte. Dieses Urteil Stauffenbergs fällt zusammen mit Hitlers Weisung vom 23. Juli 1942, die Kaukasus-Offensive in zwei gleichzeitige Angriffsoperationen aufzuteilen, obwohl für eine davon schon die Kräfte fehlten.

Im August sprach Stauffenberg mit einem späteren Mitverschwörer in seiner Generalstababteilung über die „Konsequenz", nach der er als Angehöriger des Generalstabes fragen und suchen müsse. Er meinte die Übernahme der Führung des Reiches durch die höchsten Heerführer, von der er 1939 an

Sodenstern geschrieben hatte und die Errichtung einer Militärdiktatur als Übergang zu einer Erneuerung.

Als Folge der Entscheidung vom 23. Juli 1942 mußte im Herbst 1942 die 1. Panzer-Armee, die die Kaukasus-Höhen erreicht hatte, zweitausend Kilometer weit an den Gräbern ihrer Gefallenen vorbei zurück. Zugleich ging in Stalingrad die 6. Armee der Vernichtung entgegen.

Stauffenberg fand seine Ehre als Offizier tangiert von falschen Entscheidungen solchen Ausmaßes und solcher Willkür, daß er sie als Verrat an den Soldaten sehen mußte. Als er 1944 Mitkämpfer für die Erhebung suchte, appellierte er gegenüber Kameraden, die er zu überzeugen suchte, an deren Offizierehre.

Diese Entwicklung vollzog sich nur allmählich. In einem Brief an einen Jahrgangkameraden auf der Kriegsakademie vom August 1937 nannte Stauffenberg „bestehende Zustände und Tendenzen", die zum Zynismus reizten. Im Februar 1938 äußerte er seine Empörung über die seinem Oberbefehlshaber, Generaloberst von Fritsch, zuteil gewordene schmähliche Behandlung. Im Januar 1939 sprach er sich betrübt und vielleicht auch verächtlich aus über Generale, die schon zweimal, 1934 angesichts der Ermordung zweier Reichswehrgenerale während des Massakers an den SA-Führern, und 1938 anläßlich der Beseitigung des Reichskriegsministers Generalfeldmarschall von Blomberg und des Oberbefehlshabers des Heeres Generaloberst von Fritsch, kein Rückgrat gezeigt hätten. In für den Umsturz vorbereiteten Aufrufen und Regierungserklärungen, die Stauffenberg mitverfaßt hatte, stand es deutlich: der Glaube der Soldaten an einen gerechten Krieg zur Wiedergutmachung des Deutschland nach dem Ersten Weltkrieg geschehenen Unrechts und zur Sicherung der Freiheit sei von der Regierung gewissenlos mißbraucht worden, mißbraucht zu maßlosen Zielen, Eroberungen und zur Ausbeutung der unterjochten Länder und Völker.

Doch war es nicht vor allem das Interesse des Berufsoldaten, der dem Heer sein Leben verschrieben hatte, das für Stauffenberg den Ausschlag gab, sondern es waren die Verbrechen hinter der Front: „Wir müssen handeln, weil – und das [wiegt] am schwersten – in Eurem Rücken Verbrechen begangen wurden, die den Ehrenschild des deutschen Volkes beflecken und seinen in der Welt erworbenen guten Ruf besudeln."

Ohnehin wollte er längst weg aus der deprimierenden Arbeit im Generalstab, wo die Einmischungen Hitlers und der Parteigrößen vernünftiges Arbeiten immer wieder durchkreuzten.

Am 14. Februar 1943 trat Stauffenberg als Führungsoffizier (Ia) zur 10. Panzer-Division in Tunesien, gerade zum Beginn der Operation „Frühlingswind" gegen die I. amerikanische Panzer-Brigade bei Sidi bou Zid. Auf diesem afrikanischen Kriegsschauplatz konnte er alles, was er auf der Kriegsakademie gelernt hatte, anwenden: Angriff, Verteidigung, Rückzug, hinhaltenden Widerstand. Er leitete seinen Verband in den Schlachten von Kasserine, Médenine und El Guettar, umgeben von Rauch, Staub, Artillerieeinschlägen und Jagdbomberbeschuß, im Kübelwagen oder auf dem Gefechtstand. Am 7. April 1943 wurde er südlich von Mezzouna am Salzsee Sebkhet en Noual schwer verwundet, verlor das linke Auge, die rechte Hand und zwei Finger der linken, seine Genesung war zweifelhaft.

Im Lazarett in München dachte Stauffenberg über sein Soldatenleben und über das Schicksal Deutschlands nach. Es war ihm klar, daß er seine Karriere für das deutsche Volk opfern mußte. Mit dem Hochverrat war die eigene Laufbahn vernichtet und zugleich das Heer innerlich zerstört. Ein Mitstreiter Stauffenbergs drückte es im Juli 1944 so aus: „Ich bin mir klar darüber, daß wir das Ende des deutschen Militärs herbeiführen werden, denn welchen Frieden wir auch erreichen mögen, er wird die Militärschicht ein für allemal beseitigen; und dennoch müssen wir handeln um Deutschlands und des Abendlandes willen."

# IV. Umsturzbewegung

Am 30. Januar 1933 ernannte der Reichspräsident, Generalfeldmarschall Paul von Hindenburg, den Führer der Nationalsozialistischen Deutschen Arbeiter-Partei (NSDAP), Adolf
Hitler, zum Reichskanzler.

Zu den erklärten Zielen Hitlers vor seiner Ernennung gehörte die Beseitigung der demokratischen Republik, die Un-
terdrückung aller Parteien außer der eigenen, die Abschaffung
der Meinungs-, Rede-, Versammlungs- und Vereinigungsfrei-
heit, des Post- und Telephongeheimnisses, des Schutzes vor
willkürlicher Festnahme, des Schutzes der Wohnung, der
Religionsfreiheit, der Freiheit von Forschung und Lehre. Die
Juden sollten aus der Wirtschaft, der Kunst, dem Erziehungs-
wesen, aus dem Literaturwesen, aus allen kulturellen, publi-
zistischen und politischen Bereichen, überhaupt aus allen Lebensbereichen entfernt und ihrer deutschen Staatsangehörig-
keit, soweit sie sie besaßen, beraubt werden. Das Ziel des
Krieges gegen die Westmächte und die Sowjetunion sprach
Hitler weniger deutlich aus, teils, weil im Januar 1923 fran-
zösische und belgische Truppen aus geringfügigem Anlaß das
Ruhrgebiet besetzt hatten und Hitler eine erneute militärische
Intervention Frankreichs gegen einen Bruch des Vertrages von
Versailles vermeiden wollte, während Deutschland aufrüstete.
In einer geheimen Rede vor den kommandierenden Generalen
und Admiralen der Reichswehr sagte Hitler, er beabsichtige
womöglich die „Eroberung neuen Lebensraums im Osten u.
dessen rücksichtslose Germanisierung"; wenn Frankreich
Staatsmänner habe, werde es Deutschland nicht die Zeit zum
Aufbau der Wehrmacht lassen, sondern über Deutschland her-
fallen.

Zwar ging diese Ankündigung über das längst bestehende
Programm der Wiedergewinnung der am Ende des Weltkrieges verlorenen Gebiete hinaus; aber der Begriff des Lebens-
raumes war nicht neu, Reichskanzler Heinrich Brüning hatte
ihn 1930 gegenüber dem französischen Außenminister zur Be-

zeichnung der Wiedergewinnung verlorener Gebiete im Osten verwendet.

Der Amtsantritt des neuen Kanzlers im Januar 1933 wirkte weithin als Umbruch. Die neue „Ordnung" nach den bürgerkriegähnlichen Zuständen der Weimarer Republik war die des Polizeistaates, gewiß von vielen begrüßt, aber die Mehrheit der Wähler war damals noch nicht auf der Seite Hitlers, eher fand sie sich von einem unguten Gefühl beschlichen. Die Wahrheit war aber zu unglaublich, als daß sie von mehr als einer kleinen Minderheit klar erkannt worden wäre: Die Regierung war in den Händen einer skrupellosen Verbrecherbande. Es war die Rede von einer „letzten" Reichstagwahl am 5. März 1933, vor der Wahl hoben Notverordnungen „zum Schutz von Volk und Staat" die Versammlungs- und Pressefreiheit sowie alle Grundrechte auf. Der zweite Mann in der NSDAP-Führung, der preußische Minister des Innern und Präsident des Reichstages Hermann Göring, befahl am 17. Februar 1933 der preußischen Polizei, die „nationalen Verbände" SA, SS und Stahlhelm sowie die „nationalen Parteien" NSDAP und Deutschnationale Volkspartei, keinesfalls zu behindern, aber gegen Angehörige „staatsfeindlicher" Organisationen „ohne Rücksicht auf die Folgen" ihre Schußwaffen zu gebrauchen. Dieser Erlaß stand am 19. Februar 1933 im Wortlaut auf der ersten Seite des *Völkischen Beobachters,* der in ganz Deutschland verbreiteten Tageszeitung der NSDAP. Drei Tage darauf ernannte Göring 40 000 SA- und SS-Männer und rund 10 000 Mitglieder des Veteranenverbandes „Der Stahlhelm" und der „Deutschnationalen Kampfgruppen" zu Hilfspolizisten. Mißhandlungen von Kommunisten und Juden, Boykott- und Störaktionen in Hörsälen, Bücherverbrennungen, Mißhandlungen und Morde an politischen Gegnern waren an der Tagesordnung.

In den letzten freien Wahlen im November 1932 hatten die Nationalsozialisten etwa ein Drittel der abgegebenen Stimmen erhalten, die Wahlbeteiligung lag über 80 %. Fast 67 % gaben ihre Stimmen anderen Parteien, aber die NSDAP und die KPD, die beide die freiheitliche Demokratie beseitigen wollten, erhielten zusammen 50 % der Stimmen. Die NSDAP setzte mit Polizei- und Straßenterror und mit Nötigung in vielen Wahllokalen alles daran, die absolute Mehrheit zu erreichen. Aber sie konnte damals nur indirekt durch Koalition mit der DNVP eine knappe Mehrheit der Wähler auf ihre Seite bringen. In den halbfreien Reichstagwahlen des 5. März 1933 gaben noch 48 % einschließlich der kommunistischen Wähler ihre Stimmen *gegen* die NSDAP ab, 8 % wählten den Koalitionspartner der NSDAP, die DNVP, rund 44 % stimmten für die NSDAP.

Das Potential der Ablehnung und des Widerstandes war also schon an den Wahlurnen auf eine Minderheit der Bevölkerung zurückgegangen. Trotz Verboten und Terror ging der politische Kampf noch eine Zeitlang weiter, erst im Lauf der folgenden drei Monate lösten sich die konkurrierenden Parteien auf und wurden schließlich verboten, die Presse kam unter die Kontrolle des Reichsministers für Volksaufklärung und Propaganda, Dr. Joseph Goebbels, Gefängnisse und Konzentrationslager füllten sich mit politischen Gegnern und Verdächtigen. Auch dann noch gab es verbreitet Widerstand gegen das neue Regime. 1936 erfaßte die Geheime Staatspolizei 1 643 000 Flugblätter, 1937 noch 927 430, die von der im Untergrund existierenden KPD und der illegalen SPD verbreitet wurden. Bis in die Kriegsjahre verbreiteten einzelne und Gruppen Flugschriften gegen das Regime, wie etwa manche Angehörige der Gruppe „Rote Kapelle" oder die Studenten der Gruppe „Weiße Rose". Mehr als eine Million Deutsche wurden zwischen 1933 und 1945 für kürzere oder längere Zeit in Konzentrationslagern festgehalten, 40 000 Deutsche wurden nach Gerichtsurteilen hingerichtet, Zehntausende ohne Urteil. Sondergerichte brachten 12 000 Deutsche um, Gerichte der Wehrmacht (Kriegsgerichte) töteten 25 000 deutsche Soldaten (Militärgerichte der Westmächte töteten während des ganzen Krieges weniger als dreihundert alliierte Soldaten). Auch diese Zahlen lassen das Potential des Widerstandes gegen Hitlers Diktatur ebenso erkennen wie auch dessen Ohnmacht.

Die Bemühungen einzelner, trotz Polizeiterror dem Unheil und dem Verbrechen in den Arm zu fallen, waren heldenhaft. Aber die Diktatur Hitlers wurde davon kaum beeinträchtigt, wenn auch die Machthaber zu Zeiten nervös wurden, etwa 1941 angesichts der Proteste gegen die Euthanasie, und angesichts der ungeheuren Verluste an der Ostfront, oder 1943 nach der Katastrophe von Stalingrad. Widerstand mit Unterstützung durch einen großen Teil der Bevölkerung hätte die Machthaber vielleicht zur Mäßigung zwingen können. Aber die Bevölkerung und sogar viele Gegner des Regimes sahen den Krieg als Kampf um die Selbstbehauptung Deutschlands an und dachten nicht daran, gegen die Regierung tätig zu werden.

Widerstand mit der Aussicht, das Regime zu stürzen, mußte sich also auf Instrumente der Macht stützen können. Er mußte sogar in dem eben angedeuteten Sinne unpopulär sein. Wer Hitler entmachten wollte, mußte sich den Anschein geben, „für den Führer" gegen eine „gewissenlose Clique" von Parteiführern einzutreten. Dies waren in der Tat die bei den Staatsstreichversuchen von 1938 und 1942–1944 vorgesehenen Begründungen.

Widerstand in diesem Sinne wurde schon früh geleistet, mitten im Zentrum des stärksten Machtinstruments des Staates, im Generalstab des Heeres. Einwände gegen die überstürzte Aufrüstung seit 1934 fruchteten wenig, Warnungen vor der Gefahr politisch-militärischer Abenteuer gar nichts. 1937 nahm der Chef des Generalstabes des Heeres selbst, General Ludwig Beck, um den Frieden zu retten, seine Zuflucht zu Mitteln, die als Landesverrat galten. Er äußerte im Juni 1937 auf einem inoffiziellen Besuch in Paris, so, daß die britische Regierung es erfahren mußte: Außer Reichskriegsminister von Blomberg seien alle militärischen Führer gegen außenpolitische Abenteuer, verlören aber ständig an Einfluß auf Hitlers Entschlüsse. Der SS-Führer Heinrich Himmler habe im Mai mit Zustimmung Hitlers, aber ohne Wissen des Kriegsministeriums einen Plan entworfen, Österreich durch SS-Truppen besetzen zu lassen. Hitler sei „pathologisch u. völlig unberechenbar".

Diese Mitteilungen erreichten den Leiter des englischen Auswärtigen Amtes, Staatssekretär Sir Robert Vansittart. In der Ära des Appeasement hatten sie keine wesentliche Wirkung.

Als Hitler am 5. November 1937 in der Reichskanzlei dem Außenminister, dem Kriegsminister sowie den Oberbefehlshabern des Heeres, der Kriegsmarine und der Luftwaffe ankündigte, er beabsichtige demnächst nacheinander die Tschechei und Österreich zu überfallen und zu besetzen, widersprachen der Kriegsminister und der Oberbefehlshaber des Heeres, die übrigen Teilnehmer enthielten sich jeder Zustimmung. Im Januar 1938 wurden der Kriegsminister und der Oberbefehlshaber des Heeres zum Rücktritt gezwungen.

Als dem Generalstab befohlen wurde, operative Angriffpläne auszuarbeiten, und der Termin für die Kriegsbereitschaft (1. Oktober 1938) festgelegt wurde, wies General Beck durch eine große Generalstabübung nach (die Kriegsakademieabsolventen des Jahres führten die Übung im Westen aus), daß der Erfolg eines Feldzuges gegen die Tschechoslowakei unsicher und ein Einbruch Frankreichs, des Verbündeten der Tschechoslowakei, nicht aufzuhalten wäre. Dem neuen Oberbefehlshaber des Heeres, Generaloberst Walther von Brauchitsch, erklärte Beck, daß ein Krieg den Untergang Deutschlands herbeiführen und daß die Führung der Wehrmacht vor der Geschichte mit Blutschuld belastet würde, wenn sie nicht den Krieg verhindere. Ende Juli 1938 versuchte Beck Brauchitsch und die Kommandierenden Generale der Armeekorps zur kollektiven Befehlsverweigerung für den Fall des Befehls zum Angriff auf die Tschechoslowakei zu bewegen. Beck trug Brauchitsch auch vor, es sei dann mit „inneren Spannungen" zu rechnen, das Heer müsse sich darauf vorbereiten, die SS zu entwaffnen, also Hitler jede Befehlsgewalt wegzunehmen. Brauchitsch stimmte erst zu, versagte sich aber dem Ansinnen Becks im entscheidenden Augenblick am 4. August 1938, als er mit Beck und den Kommandierenden Generalen versammelt war.

Am 19. August trat Beck zurück, am 27. übergab er das Amt an seinen Nachfolger General Franz Halder. Schon vor seinem Rücktritt und ebenso danach setzte er seine Bemühungen um den Sturz Hitlers fort. Vor allem versuchte er, die englische Regierung zu einer unnachgiebigen Haltung zu bewegen, durch die Hitler einen eklatanten Mißerfolg und Prestigeverlust erleiden sollte. Im Inneren förderte Beck die Vorbereitung für die „Auseinandersetzung" zwischen Wehrmacht und SS durch die Gewinnung von Staatsmännern, die seine Auffassung von der Verantwortung vor der Geschichte teilten. Zu ihnen gehörten der frühere Botschafter in Rom, Ulrich von Hassell, der frühere Wirtschaftminister und Reichsbankpräsident Hjalmar Schacht, der konservative Politiker Ewald von Kleist-Schmenzin, der frühere Reichskommissar für die Preisbildung und Oberbürgermeister von Leipzig, Carl Goerdeler. Auch im Heer gab es Kommandeure, bei denen spätestens seit der Mißhandlung des Generaloberst von Fritsch und der Übernahme der unmittelbaren Befehlsgewalt über die Wehrmacht durch Hitler selbst das Maß übervoll war. Zu ihnen gehörte vor allen General Erwin von Witzleben, der Kommandierende General des III. Armee-Korps und des Wehrkreises III in Berlin. Im September 1938 waren alle Vorbereitungen getroffen, um Hitler zu verhaften, falls er den Befehl zum Einfall in die Tschechoslowakei gäbe. Eine feste Haltung Englands und Frankreichs war zu erwarten. Tatsächlich mobilisierte England seine Flotte, und Frankreich rief die Reservisten auf, als die Krise ihren Höhepunkt erreichte.

Am 27. September 1938 gab auch die Berliner Bevölkerung anläßlich des Durchmarsches von Einheiten der 2. motorisierten Division aus Stettin samt Panzern zu erkennen, wie sie über Hitlers Kriegspolitik dachte. Der amerikanische Journalist William L. Shirer notierte, er sei in Erwartung einer gewaltigen Volksdemonstration an die Ecke Unter den Linden und Wilhelmstraße gegangen, aber die Berliner, die nach der Arbeit aus den Büros strömten, seien sofort in den U-Bahneingängen verschwunden, sie hätten sich geradezu geweigert, den Marsch mitanzusehen, nur einige wenige seien schweigend am Straßenrand gestanden. Es sei eine überzeugende Demonstration gegen Krieg gewesen.

Da die Westmächte jedoch kompromißbereit waren und Hitler die Annexion des Sudetenlandes zugestanden, erlitt er keine Niederlage, sondern erzielte scheinbar einen ganz großen Erfolg – scheinbar, weil er ja wesentlich mehr gewollt hatte. Aber der Schein des großen Erfolges machte seinen Sturz unter dem Vorwurf, er führe Deutschland in eine Katastrophe, unmöglich.

Goerdeler bemühte sich um die Intervention der Westmächte. Im Auftrag Vansittarts suchte der britische Industrielle A. P. Young Goerdeler am 6. und 7. August 1938 in Rauschen Dune auf. Goerdeler sprach über die Judenverfolgung und drängte die englische Regierung, ihrem Abscheu über die Nazimethoden kraftvoller Ausdruck zu verleihen und die deutsche Regierung wissen zulassen, daß die Fortsetzung dieser Praktiken Verhandlungen über Deutschlands „Lebensfragen" („life problems") überaus schwierig machen würde. Gemeint waren die territorialen Fragen, die Sudetenkrise, der polnische Korridor, die ehemaligen deutschen Kolonien und Wirtschaftshilfe. Es ist also kein Zweifel, daß Goerdeler nach geltendem Gesetz Landesverrat begangen hatte, um sich für die Juden einzusetzen. Und nicht etwa nur für die deutschen Juden. In einer weiteren Zusammenkunft mit Young am 6. und 7. November 1938 zeigte sich Goerdeler beunruhigt über das Ausbleiben einer starken Reaktion in den demokratischen Staaten, besonders in England, auf die „barbarische, sadistische und grausame Verfolgung von 10 000 polnischen Juden", die mit auf sie gerichteten Maschinengewehren über die deutsche Grenze getrieben worden seien. Am 4. Dezember 1938 und am 15. Januar 1939 forderte Goerdeler gegenüber A. P. Young den Abbruch der diplomatischen Beziehungen mit Deutschland, sobald (nicht: wenn) die nächste Welle der Judenverfolgung beginne. Am 16. März 1939 wiederholte Goerdeler seine Forderung gegenüber Young in London. Hitler habe drei Meilensteine von geschichtlicher Bedeutung passiert. An erster Stelle nannte Goerdeler den von Hitler persönlich angeordneten Pogrom gegen die Juden vom 9. und 10. November. Mit „brennender Empörung" sprach er von den Greueltaten während des Pogroms. Erst als zweiten Punkt nannte er die Entlassung Dr. Schachts als Reichsbankpräsident (Januar 1939) und als dritten die brutale Besetzung der Tschechei vom Tag vorher.

Die Gegner Hitlers waren durch die Erfolge Hitlers und die Mißerfolge seiner Gegner demoralisiert. Nach dem Polenfeldzug 1939, als die Gefahr eines großen Krieges mit den Westmächten sich noch drohender erhob als 1938, als die Vereinigten Staaten im November 1939 das Verbot des Waffenexports an Kriegführende aufhoben und die amerikanische Unterstützung für England damit feststand, schienen die Voraussetzungen für den Sturz Hitlers doch wieder gegeben. Beck, Witzleben, Goerdeler, Hassell, Schacht und andere bemühten sich erneut um den Sturz Hitlers durch die Wehrmacht. Inzwischen entging Hitler durch einen Zufall in München dem Anschlag des schwäbischen Einzelgängers Georg Elser.

Weder Halder noch Brauchitsch ließen sich zu Maßnahmen zur Entmachtung Hitlers bewegen. Halder fürchtete, die Westmächte würden eine innere Schwäche Deutschlands ausbeuten, und er wie Brauchitsch glaubten Anfang 1940, nach Monaten intensiver Vorbereitungen, eher an einen Erfolg der deutschen Waffen, zumal es Hitler im August 1939 gelungen war, einen Nichtangriff- und Freundschaftpakt mit der Sowjetunion abzuschließen, wodurch Deutschland im Gegensatz zu 1914 Rückenfreiheit hatte.

Die Verschwörer versuchten gleichwohl wieder, diesmal mit besseren Aussichten auf Erfolg als 1938, englische Zusagen für den Fall des Sturzes Hitlers zu erhalten, und zwar durch Vermittlung des Papstes Pius XII. Aber die erreichten „Zusagen" schlossen die Entwaffung Deutschlands und die Aufgabe der seit 1937 erworbenen Gebiete ein, so daß „die Generale" von den Vorteilen des Sturzes Hitlers nicht zu überzeugen waren.

Eine weitverzweigte Umsturzbewegung aus alten und neuen Gegnern entstand gleichwohl. Sie konnte nur planen, raten, nach innerer und äußerer Unterstützung suchen, ohne militärische Machtmittel blieb sie gelähmt. Über alle politischen

Gegensätze hinweg, nicht ohne Spannungen, fanden sich dennoch Gegner Hitlers zusammen mit dem Ziel einer gemeinsamen Erhebung, zunächst ohne Einigkeit über die Methode. Sie waren Konservative wie der preußische Finanzminister Johannes Popitz, der frühere Botschafter in Rom Ulrich von Hassell, Carl Goerdeler, Ludwig Beck; Sozialisten wie Julius Leber, Wilhelm Leuschner, Theo Haubach, Carlo Mierendorff, Adolf Reichwein; Fortschrittliche, dem Sozialismus Zugewandte wie Adam von Trott zu Solz im Auswärtigen Amt und Helmuth James Graf Moltke im Oberkommando der Wehrmacht/Amt Ausland, Peter Graf Yorck im Oberkommando des Heeres/Wirtschaftstab Ost, Theodor Steltzer beim Wehrmachtbefehlshaber Norwegen, Berthold Graf Stauffenberg im Oberkommando der Marine; Offiziere in den Stäben des Ersatzheeres, der Ostfront, der Westfront, und im Generalstab des Heeres. Manche, wie Moltke und seine Freunde, bildeten Gruppen oder Kreise, in denen sie mangels anderer Möglichkeiten über die Nachkriegsordnung berieten. Anfang Januar 1943 kam es zu einem Koordinationsgespräch unter Vorsitz Becks zwischen älteren Staatsmännern wie Hassell, Popitz und Goerdeler einerseits und Moltke, Yorck und Eugen Gerstenmaier andererseits. Doch fehlte eine einheitliche Führung, Beck konnte nur präsidieren, und vor allem fehlte die Exekutive.

Mierendorff, Reichwein, Moltke und schließlich auch Leber traten 1943 und 1944 für die Einbeziehung der Kommunisten ein, Stauffenberg stimmte zu. Am 22. Juni 1944 fand in der Wohnung eines Berliner Arztes die entscheidende Zusammenkunft statt zwischen Leber, Reichwein und den Vertretern des Untergrund-Zentralkomitees der KPD, Anton Saefkow und Franz Jacob. Aber unter den Kommunisten war ein Verräter, und in den folgenden Tagen wurden alle Teilnehmer verhaftet. Damit ist auch die Unmöglichkeit, eine „Massenbasis" für den Umsturz zu finden, beleuchtet.

Die Frage, wer nach einer erfolgreichen Erhebung die Regierung gebildet hätte, ist fast nur hypothetisch. Es hätte sich nur um eine Übergangsregierung handeln können, die Besetzung Deutschlands und die Errichtung einer alliierten Militärregierung waren 1944 nicht mehr zweifelhaft. Beck und Goerdeler sollten zunächst Reichsverweser und Reichskanzler werden, Leuschner Vizekanzler, Leber Innenminister. Die Sozialisten wollten nicht wie 1918 das Odium der Kapitulation allein auf sich nehmen. Innerhalb der Umsturzbewegung hofften aber Moltke und Yorck auf einen baldigen Regierungswechsel, der Leber zum Kanzler gemacht hätte.

# V. Stauffenbergs Weg in die Verschwörung

Stauffenberg machte sich den Gedanken seines Vorfahren Gneisenau zueigen, der in der extremen Bedrängnis der Fremdherrschaft und des Niedergangs aller staatlichen und militärischen Tugenden vom Heer als der Blüte und dem Kern des Volkes gesprochen hatte. Im Heer und im Offizierkorps sah Stauffenberg „den wesentlichsten Träger des Staates und die eigentliche Verkörperung der Nation". Immer wieder forderte er die Führung des Volkes für „die Führung des Heeres".

Ein Freund Frank Mehnerts, der Germanist Rudolf Fahrner, der auch mit den Brüdern Berthold, Alexander und Claus Stauffenberg in Verbindung stand, schrieb auf Anregung Frank Mehnerts eine biographische Skizze über Gneisenau, deren Entwurf er Claus Stauffenberg zu lesen bat. Stauffenberg las 1937 den Entwurf und beschäftigte sich mit Gneisenaus Vorschlägen von 1808 und 1811 für die „Organisation einer Anstalt, um das Volk zur Insurrektion vorzubereiten". Er war im wesentlichen einverstanden mit der von idealistischem Schwung erfüllten Darstellung, in der Gneisenaus „Staatsplan" umrissen war, durch den Aufstand des Volkes das Volk aus dem Heer neu zu schaffen, und in den Einwohnern das Staatsbewußtsein von selbständigen Bürgern zu wekken. Fahrner bezeichnete Gneisenaus Pläne als umstürzend und noch gültig. Aber Stauffenberg bestand darauf, die Einzelheiten der Denkschrift für die „Insurrektion" aus Fahrners Entwurf zu streichen. Er meinte, von einer Anwendung dieser Ideen in der Gegenwart seien Regellosigkeit, Anarchie und politische Ausbeutung durch künftige Gegner Deutschlands im Innern und von außen zu befürchten. Ob er Kommunisten und Bolschewisten meinte, ist unklar. Er dachte aber sicher an die Millionen der SA, die bis Juni 1934 in das Heer gedrängt hatten und zwar ihrer revolutionären Führung beraubt, aber nicht demobilisiert waren.

Stauffenberg sah bei allgemeiner Zustimmung zur Politik der Regierung in den extremen Tendenzen in der nationalsozialistischen Partei Gefahr für die Staatsregierung. Er sah noch nicht, daß die Gefahr vom „Führer" und Reichskanzler selbst ausging.

Stauffenbergs Berührung mit Regimegegnern wurde schon angedeutet. Insbesondere während Stauffenberg 1936 bis 1938 auf der Kriegsakademie in der Kruppstraße 3–4 in Berlin-Moabit war und mit seiner Familie im Vorort Wannsee wohnte, war er oft bei seinem Onkel Nikolaus Üxküll, der in der Nähe in Zehlendorf wohnte. Ebenfalls in der Nähe wohnten Stauffenbergs Bruder Berthold in Wilmersdorf, der Vetter Cäsar von Hofacker in Steglitz, der Vetter Peter Yorck in Dahlem. Fritz-Dietlof Graf von der Schulenburg war mit Hofacker und durch diesen mit „Onkel Nux" befreundet. Bei Yorcks trafen die Stauffenbergs Schulenburgs, Albrecht von Kessel, Ulrich Graf Schwerin, Adam von Trott und Otto Ehrensberger. Natürlich wurde viel „politisiert" (Stauffenberg tat das so gerne, daß ihm Kameraden auf der Kriegsakademie gelegentlich bedeuteten, sie wollten nichts mehr davon hören), und so kamen die Licht- und Schattenseiten des Regimes häufig zur Sprache.

Stauffenberg erfuhr damals von Umsturzvorbereitungen und von der Beteiligung seines Vetters Peter Yorck und des befreundeten Fritz-Dietlof Graf von der Schulenburg. Die Vorgänge entsprachen offensichtlich seinen eigenen Vorstellungen von der Führungsrolle des Heeres. Wenn Beck versuchte, das Regime durch das Heer zu beseitigen, so handelte hier ein Berufener. Stauffenberg dachte natürlich nicht daran, daß er selbst als eben im August 1938 zum Generalstab kommandierter Hauptmann gegen das Regime tätig werden könnte.

Im Januar 1939 lud Stauffenberg Rudolf Fahrner und einige Offiziere des Stabes seiner Division in seine Wohnung in Wuppertal ein, um einen Vortrag Fahrners über Gneisenau zu hören. In seiner Einführung und beim Schlußdank ließ Stauffenberg erkennen, daß er Gneisenaus Gedanken über das Heer für aktuell hielt. Auf einem an Fahrners Vortrag anschließenden Waldspaziergang sprach Stauffenberg von den Umsturzplänen Generaloberst Becks. Er warnte davor, auf die anderen höheren Offiziere des Heeres zu vertrauen. Von Leuten, die 1934 und 1938 kein Rückgrat gezeigt hätten, könne man es auch in Zukunft nicht erwarten.

Im Oktober 1939 wollten Schulenburg und „Onkel Nux" Stauffenberg bewegen, sich zum Adjutanten des Oberbefehlshabers des Heeres ernennen zu lassen, um für den Sturz des Regimes zu wirken. Stauffenberg gab die etwas obskure Antwort, er sei noch nicht so weit. Die Adjutantur wurde von einem Oberstleutnant und einem Major geleitet, und Stauffenberg war nur Hauptmann. Auch wenn die Versetzung in die Adjutantur erreicht worden wäre, hätte der Oberbefehlshaber sich nicht von einem Hauptmann beeinflussen lassen können, hinter dem außer Üxküll, Schulenburg und Hofacker niemand stand. Danach sagte Stauffenberg seiner Frau, er habe Kenntnis von hochverräterischen Umtrieben bekommen, müßte dies melden, und tue es nicht. Hitler habe übrigens derartige Erfolge, daß man unmöglich gegen ihn vorgehen könne.

Stauffenberg blieb in seiner Einstellung gegenüber dem Regime ambivalent. Natürlich begrüßte er die Erfolge der deutschen Waffen, an denen er selbst mit Begeisterung mitwirkte. Der Krieg konnte, da er zwar unnötig, aber durch Gravamina gegenüber Polen begründet begonnen und dann durch die Kriegserklärungen der Westmächte erweitert worden war, nicht einfach als unrecht verurteilt werden. Man versteht wohl nicht ohne eigene Erfahrung, wie sich das Bewußtsein auch verändert, wenn ein Kampf, gleichgültig aus welchem Anlaß, einmal im Gange ist. So ist Stauffenbergs massive Skepsis gegenüber dem Sieg über Frankreich umso bemerkenswerter. Er schrieb seiner Frau im Juni 1940, es gelte daran zu denken, „wie wenig endgültiges es gibt und daß die schroffste Umwandlung, ja Umkehr wahrscheinlicher ist als ein Beharren auch nur für wenige Jahre".

Im Herbst 1941 fragte Moltke, der zur Vorbereitung der Neuordnung nach Hitlers Sturz Regimegegner aus allen Lebensbereichen zusammensuchte, durch einen Vetter der Stauffenbergs nach dem Hauptmann im Oberkommando, ob mit dem nichts „zu machen" wäre? Der Vetter, Hans Christoph

Freiherr von Stauffenberg aus Wilflingen, wandte sich an Berthold Stauffenberg, der darauf mit seinem Bruder sprach. Berthold ließ Moltke sagen: „Ich habe mit Claus gesprochen. Er sagt, zuerst müssen wir den Krieg gewinnen. Während des Krieges darf man so etwas nicht machen, vor allem nicht während eines Krieges gegen die Bolschewisten. Aber dann, wenn wir nach Hause kommen, werden wir mit der braunen Pest aufräumen."

In den wenigen Monaten bis April 1942 änderte Stauffenberg seine Auffassung. Er kannte das Ausmaß und die Schwere der Niederlage, die das Heer im Herbst 1941 vor Moskau erlitt. Er nahm für sich und den Generalstab den Vorwurf auf sich, die Kräfte der Sowjetunion unterschätzt zu haben.

Im April 1942 traf Stauffenberg in Wuppertal mit dem früheren Kommandeur seiner Division, Generalleutnant Friedrich-Wilhelm Freiherr von Loeper, zusammen. Loeper erzählte, wie er als Kommandeur einer Infanterie-Division vor Moskau im Dezember 1941 den Befehl erhalten habe, weitere sechshundert Kilometer bis Gorki vorzustoßen, obwohl die Division nur noch 10 % ihrer Fahrzeuge hatte. Stauffenberg war über viele ähnliche Vorgänge unterrichtet, wie das schon angeführte Beispiel der 10. Panzer-Division zeigt. Dennoch hielt er, wie er seinem früheren Kommandeur sagte, auch jetzt den Versuch, die Hauptstadt des Feindes noch nach dem Beginn des Wintereinbruchs zu erobern, für richtig. Die Front werde zu stabilisieren sein. Er hielt den Krieg keineswegs für verloren. Er gab aber auch nicht seine Überzeugung auf, die Heerführung müsse die Führung des Reiches in die Hand nehmen.

Aber er hatte von den Massenmorden hinter der Ostfront erfahren und vom verschuldeten, ja absichtlich verursachten Massensterben der sowjetischen Kriegsgefangenen. Im selben Monat April 1942 erklärte Stauffenberg gegenüber einem Mitarbeiter im Generalstab des Heeres seine Empörung über die massenhafte Ermordung von Juden und anderen sogenannt rassisch Minderwertigen, über das Hinsterben von zwei Millionen kriegsgefangener Soldaten der Roten Armee in den ersten acht Monaten des Feldzuges gegen die Sowjetunion, über die unmenschliche Behandlung der Zivilbevölkerung.

Etwa zur selben Zeit sagte Stauffenberg einem Mitarbeiter aus dem Quartiermeisterstab*, für den Fall Hitler gebe es nur eine Lösung: „Sie heißt töten." Stauffenberg und sein Gesprächspartner meinten aber, daß ein Schritt dieser Art nur von einer Persönlichkeit unternommen werden könne, die im Augenblick der Beseitigung Hitlers die Macht in der Hand hätte und Staat und Wehrmacht unter Ausschluß aller Parteiinstanzen führen könne, sonst entstünde Chaos.

In einem Gespräch ebenfalls im Frühjahr 1942 mit einem Angehörigen des Auswärtigen Amtes, Hans Herwarth von Bittenfeld**, glaubte Stauffenberg noch, den Verbrechen wäre durch Auswechseln der Ratgeber Hitlers zu steuern. In einem weiteren Gespräch mit Herwarth im Mai 1942 sprach er über die Massenmorde und sagte nun auch ihm, Hitler müsse beseitigt werden.

Der akute und eigentliche Anstoß für Stauffenbergs Verdikt, Hitler müsse getötet werden, waren also die Massenmorde an Juden, Kriegsgefangenen und Bevölkerungen in den besetzten Gebieten im Osten, und der Zeitpunkt läßt sich auf April–Mai 1942 datieren. Stauffenberg war zu der fundamentalen Erkenntnis gelangt, daß die Judenmorde vom Obersten Befehlshaber der Wehrmacht und Oberbefehlshaber des Heeres, vom „Führer" Adolf Hitler persönlich befohlen wurden. Er sah auch, wie das Heer in die Verbrechen mit hineingezogen wurde.***

---

* Dr. Julius Speer, später Rektor der Ludwig-Maximilians-Universität in München.

** Herwarth war früher in der deutschen Botschaft in Moskau, im Feldzug gegen die Sowjetunion bis März 1942 Oberleutnant in der 1. Kavallerie-Division, nun im Auswärtigen Amt in der Abteilung für besetzte und unbesetzte Gebiete der Sowjetunion.

*** Im Dezember 1941 hatte der Abwehroffizier im Stab des Oberkommandos der Heeresgruppe Mitte, Major i. G. Rudolf-Christoph Freiherr von Gersdorff, nach einer dreitägigen Frontreise im Bereich der 4. Armee in das Kriegstagebuch eintragen lassen: „Bei allen längeren Gesprächen mit Offizieren wurde ich, ohne darauf hingedeutet zu haben,

Im August 1942 erklärte er in einem nächtlichen Gespräch im Hauptquartier einem Mitarbeiter in der Organisationsabteilung, Hauptmann i. G. Joachim Kuhn, die Behandlung der Zivilbevölkerung in den besetzten Ländern und der Juden zeige, daß der Krieg eine Ungeheuerlichkeit sei. Dabei werde er so geführt, daß das Ziel, die Überwindung des Bolschewismus, nicht erreicht werde. Er, Stauffenberg, wisse nun, daß Hitler die Ursache sei. Stauffenberg nannte also die Verbrechen gegen die Bevölkerungen und die Juden an erster Stelle, und die falsche Kriegführung an zweiter Stelle.*

Ebenfalls im August 1942 sagte Stauffenberg unvermittelt zu einem neuen Mitarbeiter, von dem er nicht wußte, ob er die Vorgänge hinter der Front kannte, beim Ausritt am frühen Morgen vor Beginn des Dienstes: „Die erschießen massenhaft Juden. Die Verbrechen dürfen nicht weitergehen." Fast bei jedem weiteren Ausritt sprach er mit demselben Mitarbeiter über Tyrannenmord und berief sich auf Thomas von Aquin, der Tyrannenmord unter Umständen für verdienstvoll erklärt habe. Dem Chef seiner Abteilung, Oberstleutnant i. G. Burkhart Mueller-Hillebrand, sagte er ebenfalls im August 1942, es sei Zeit, daß ein Offizier sich eine Pistole einstecke und

nach den Judenerschießungen [sic] gefragt. Ich habe den Eindruck gewonnen, daß die Erschießungen der Juden, der Gefangenen und auch der Kommissare fast allgemein im Offizierkorps abgelehnt wird [sic], die Erschießung der Kommissare vor allem auch deswegen, weil dadurch der Feindwiderstand besonders gestärkt wird. Die Erschießungen werden als eine Verletzung der Ehre der Deutschen Armee, insonderheit des Deutschen Offizierkorps betrachtet. Je nach Temperament und Veranlagung des Betreffenden wurde in mehr oder weniger starker Form die Frage der Verantwortung hierfür zur Sprache gebracht. Es ist hierzu festzustellen, daß die vorhandenen Tatsachen in vollem Umfang bekannt geworden sind und daß im Offizierkorps der Front weit mehr darüber gesprochen wird, als anzunehmen war."

* Oberst i. G. Henning von Tresckow erklärte ebenso im Sommer 1943 gegenüber Margarethe von Oven, die er von der Notwendigkeit ihrer Mitarbeit am Umsturzplan zu überzeugen suchte, daß Zehntausende von Juden auf die grausamste Weise umgebracht würden, und dies vor allem sei der Grund, warum der Umsturz nötig sei – nicht der Krieg, das Handwerk des Offiziers.

Hitler über den Haufen schieße. Die Auseinandersetzung mit den Forderungen der Religion war Stauffenberg übrigens immer wichtig. Später, als er im Oberkommando des Heimatheeres für Ersatz für die Front sorgen mußte, setzte er sich noch immer mit der Frage auseinander, ob man einen Tyrannen töten und sein Seelenheil aufs Spiel setzen dürfe, um Zehntausenden das Leben zu erhalten.

Stauffenberg ging es auch um seine Ehre als Offizier. Diese war tangiert durch die Greueltaten der herrschenden Clique, in die das Heer mit hineingezogen war. Stauffenberg sagte in diesem Zusammenhang: „Wir sind als Generalstäbler alle mitverantwortlich." Seinen Regimentskameraden Major Roland Hößlin, der als Kommandeur einer Panzer-Aufklärungsabteilung vor El Alamein das Ritterkreuz erhalten hatte, überzeugte Stauffenberg mit dem Appell an seine Ehre als Offizier zur Teilnahme an der Verschwörung.

In den 1943 und 1944 vorbereiteten Aufrufen für den Tag des Umsturzes erklärten Stauffenberg und die Mitverfasser, die Soldaten seien über den Krieg getäuscht worden: „Niemals in der deutschen Geschichte hat eine militärische Führung mit größerer Skrupellosigkeit die edle Einrichtung der allgemeinen Wehrpflicht und das Vertrauen mißachtet, das Soldaten ihr entgegengebracht haben." Weit schwerer aber wogen die Verbrechen hinter der Front: „Wir müssen handeln, weil – und das [wiegt] am schwersten – in Eurem Rükken Verbrechen begangen wurden, die den Ehrenschild des deutschen Volkes beflecken und seinen in der Welt erworbenen guten Ruf besudeln."

Stauffenberg blieb überzeugt vom Anspruch der Soldaten auf die führende Verantwortung im Staat. Das Offizierkorps dürfe nicht wieder versagen und sich die Initiative aus der Hand nehmen lassen wie 1918, sondern müsse aus eigener moralischer Verantwortung heraus handeln, sagte er, als er sich mit der zivilen Verschwörung verbunden hatte.

Es war aber nicht seine Art, es dabei bewenden zu lassen. Er entschloß sich, die berufenen Führer des Heeres selbst zur Erfüllung ihrer Ehrenpflicht zu mahnen.

Im Sommer 1942 brach im Zusammenhang damit auch der andere Motivstrom wieder hervor, die Bindung an die Werte des Soldatentums. Der Anlaß war Hitlers Befehl vom Juli 1942, gleichzeitige Offensiven gegen den Kaukasus (Ölquellen bei Maikop und Grosny) und als Flankenschutz dazu gegen die untere Wolga (Stalingrad) zu führen. Da das Heer weder für die eine noch für die andere Operation über genügend Kräfte verfügte, geschweige denn für beide, waren sie zum Scheitern verurteilt. Selbst wenn der Vorstoß zum Kaukasus gelang, mußte er in einem Rückzug enden. Die Überlebenden mußten die fast zweitausend Kilometer des Vormarsches von Charkow bis zum Terek an den Gräbern ihrer gefallenen Kameraden vorbei wieder zurück. Für Stauffenberg war das Verrat.

Auch deshalb versuchte er, als bloßer Major im Generalstab, im Sommer und Herbst 1942, auf eigene Hand, höhere Führer (Oberbefehlshaber von Heeresgruppen und Armeen) für eine Aktion gegen Hitler zu gewinnen. Anfang Juni 1942 sprach er mit dem Oberkommandierenden der 6. Armee, General der Panzertruppe Friedrich Paulus. Er schrieb ihm danach einen Brief, der in dem Vorwurf gipfelte, daß „die Führer und Vorbilder", während Soldaten und Offiziere an der Front ohne Murren ihr Leben opfern, sich „um das Prestige zanken oder den Mut, eine das Leben von Tausenden betreffende Ansicht, ja Überzeugung zu vertreten, nicht aufzubringen vermögen". Anfang September suchte Stauffenberg General von Sodenstern, den damaligen Chef des Generalstabes der Heeresgruppe B, in dessen Hauptquartier in Starobjelsk auf und sprach zwei Stunden mit ihm über den Sturz Hitlers. Stauffenberg berief sich auf „die gemeinsame ideelle Grundlage", die im März 1939 festgestellte gemeinsame Auffassung vom Soldatentum. Sodenstern lehnte die Beteiligung an Hitlers Sturz ab, weil Meutern seiner Auffassung von der Ethik des Soldaten widersprach. Ebenfalls im September 1942 besuchte Stauffenberg General der Panzertruppe Leo Freiherr Geyr von Schweppenburg, den Kommandierenden General des XXXX. Panzer-Korps, den er von früher kannte, in einer

Panjebude am Terek zwischen dem Schwarzen und dem Kaspischen Meer.

Ein Vorgang, der angesichts der inzwischen in Gang befindlichen verfehlten Doppeloffensive für die ohne genügenden Ersatz und Nachschub kämpfende Front als Schlag ins Gesicht wirkte, veranlaßte Stauffenberg zu einem Zornausbruch. In einer Besprechung mit seinem Abteilungsleiter und zwei Offizieren der Quartiermeisterabteilung über die Personalersatzlage kam zur Sprache, daß überzähliges Bodenpersonal der Luftwaffe in der Stärke von zehn Divisionen nicht, wie vorgesehen, dem Ostheer als Ersatz eingegliedert werden sollte, sondern als sogenannte Felddivisionen aufgestellt, vom Heer ausgerüstet und dann nicht an der Ostfront eingesetzt werden würde. Dadurch wurde dem Ostheer dringend benötigter Ersatz und der Fahrzeug- und Waffenbedarf von fünf bis sechs Panzer-Divisionen entzogen. Einer der Anwesenden fragte, wer dafür verantwortlich sei. Stauffenberg sprang auf, sagte, Hitler sei verantwortlich, er müsse beseitigt werden, und er selbst sei bereit, es zu tun.

Niemand „meldete" diesen Ausbruch. Stauffenberg hatte zwar nicht zum erstenmal die Morddrohung gegen den „Führer" ausgesprochen, aber doch zum erstenmal vor mehreren Zeugen, die der Einstellung der anderen Anwesenden nicht sicher waren. Einer der beiden neben Stauffenberg und dessen Vorgesetzten Anwesenden* ist noch im Krieg gestorben. Der andere** berichtete den Vorgang einem Mitarbeiter*** in der Quartiermeisterabteilung. Dieser sicherte sich seinerseits ebenso ab, indem er den Vorgang seinem akademischen Lehrer schriftlich berichtete. Die Zeugen, die die Morddrohung nicht gemeldet hatten, konnten sich notfalls auf die Anwesenheit des Vorgesetzten Stauffenbergs berufen und behaupten, sie hätten angenommen, der Vorgesetzte werde die nötigen Schritte tun.

---

* Oberstleutnant i. G. Hans-Georg Schmidt von Altenstadt
** Major i. G. Otto Hinrich Bleicken
*** Dem Historiker Walter Bußmann

Stauffenbergs Bemühungen brachten ihn und seine Gesprächspartner gleichwohl so in Gefahr, daß er, wie er sagte, zur Flucht an die Front gezwungen war. Was er für Hitlers Sturz tun konnte, hatte er getan. Zu der bestehenden Umsturzverschwörung hätte er durch seinen Anschluß an sie auch nicht mehr beitragen können. Ende Juni hatte ihm ein Mitarbeiter im Oberkommando Schulenburgs Mitteilung berichtet, Witzleben werde sich am Umsturz beteiligen. Stauffenberg sagte nur, „ach, laß doch die Bombenschmeißerle“ und zeigte wenig Neigung, sich mit den zivilen Verschwörern oder mit militärischen Führern ohne Kommando einzulassen. Von der intensiven Umsturztätigkeit des Führungsoffiziers im Oberkommando der Heeresgruppe Mitte an der Ostfront, Oberst i. G. Henning von Tresckow, wußte er offenbar noch nicht. Gleichwohl machte man sich in Kreisen der militärischen Verschwörung in Berlin Hoffnungen auf seine Mitwirkung.

Ehe er Anfang Februar 1943 die Führungsabteilung der 10. Panzer-Division übernahm, machte er noch den Versuch, den damals angesehensten Feldherrn des Heeres für eine Erhebung gegen Hitler zu gewinnen. Am 26. Januar 1943 sprach er mit dem Oberbefehlshaber der Heeresgruppe Don, Generalfeldmarschall Erich von Manstein, in dessen Hauptquartier in Saporoshe. Als er aber seine Gedanken vorbrachte, drohte Manstein ihm mit Verhaftung und riet ihm, sich an die Front versetzen zu lassen. Nun, das war schon geschehen. Als Major im Generalstab und Gruppenleiter in der Organisationsabteilung des Generalstabes des Heeres hatte er zwar Zugang zu vielen hohen Führern. Aber das nötige Gewicht, um Heerführer zur Erhebung zu bewegen, fehlte ihm doch.

Im Februar 1943 in Tunesien sagte Stauffenberg seinem Vorgesetzten, dem Kommandeur der 10. Panzer-Division, er habe alle Armee-Oberbefehlshaber an der Ostfront besucht und ihnen vorgestellt, daß der Verbrecher Hitler nie freiwillig auf die Macht verzichten, Deutschland aber untergehen werde, wenn der „Führer“ nicht beseitigt würde. Da sei ihm im Oberkommando der Boden unter den Füßen zu heiß geworden.

Als Stauffenberg nach seiner schweren Verwundung (7. April 1943) in München im Reserve-Lazarett lag, forderte ihn der Chef des Allgemeinen Heeresamtes beim Befehlshaber des Ersatzheeres, General Olbricht, schon vorsorglich beim Heerespersonalamt als Chef des Stabes für sich an. Dies ging anscheinend auf Erwartungen zurück, die man in der Verschwörung seit Stauffenbergs Vorstößen vom Herbst 1942 oder länger in ihn setzte. Anfang Mai besuchte ihn sein Onkel Nux und beschwor ihn, sich der bestehenden Umsturzverschwörung zur Verfügung zu stellen. Zunächst zögerte Stauffenberg noch, aber Ende Mai diktierte er seiner Frau einen Brief an Olbricht, in dem er mitteilte, er hoffe in einem Vierteljahr soweit hergestellt zu sein, daß er zur Verfügung stehen werde. Bei einem weiteren Besuch seines Onkels sagte er, da die Generale bisher nichts erreicht hätten, müßten sich nun die Obersten einschalten. Auch Joachim Kuhn kam im Mai zu Besuch mit seiner Verlobten, einer Verwandten Stauffenbergs. Als er Ende Juni allein wieder kam, sagte Stauffenberg immer wieder, die Generale würden nicht handeln, „wir müssen das tun".

Während Stauffenberg noch Rekonvaleszent war, ließ Tresckow sich im Frühjahr 1943 nach Berlin zum Nachkommando der Heeresgruppe Mitte beurlauben, um die technischen Vorbereitungen der Erhebung voranzutreiben und die Befehle zu überarbeiten, mit denen Einheiten des Ersatzheeres unter einem Vorwand (Parteiputsch, innere Unruhen) zur Übernahme der „vollziehenden Gewalt" (Ausnahmeregierung) eingesetzt werden sollten. Im Februar des Jahres hatte Tresckow versucht, Manstein zu gewinnen, im Februar und März des Jahres war auch wenigstens dreimal versucht worden, Hitler zu töten. Nun schien Ende Juli 1943 die Erhebung bevorzustehen, als Tresckow wieder nach Berlin kam und den Mitverschworenen berichtete, der Oberbefehlshaber der Heeresgruppe Mitte, Generalfeldmarschall Günther von Kluge, sei zur führenden Mitwirkung bereit. Da wurden plötzlich alle Planungen umgeworfen: In Italien wurde Mussolini gestürzt, deutsche Truppen mußten das Land besetzen, um es nicht den

Alliierten zu überlassen, und in den ersten Augusttagen verschwanden alle die Truppen aus Berlin und Umgebung, mit denen man die Macht ergreifen wollte. Man mußte wieder von vorn anfangen. Dazu holte Olbricht Stauffenberg nun schon Anfang August nach Berlin, lange vor dem vorgesehenen Termin für den Antritt seiner Stelle als Chef des Stabes.

Es waren also mehrere Motivströme, die Stauffenberg in die Verschwörung führten. Der durch alle Jahre gegenwärtige war die Auffassung vom Soldatentum, von der Ehre des Offiziers. Darüber machte er sich vor dem Krieg Sorgen und Gedanken, die ihn in die Nähe der Rebellion brachten. Diese Gedanken traten im Krieg hinter Pflicht und Berufsbegeisterung zurück.

Dann traten im Feldzug gegen die Sowjetunion das Massensterben der Kriegsgefangenen der Roten Armee und die Massenmorde an Juden und anderen Angehörigen der Bevölkerung als die ungeheuerlichsten Verbrechen der deutschen Geschichte in den Vordergrund. Stauffenberg antwortete darauf mit der Forderung, Hitler zu töten.

Von dem Motiv der Ehre des Offiziers war der Begriff von der Ehre der Familie nicht zu trennen. Das religiöse Motiv war Stauffenberg stets wesentlich. Die Idee des Reiches stand ihm lange Zeit über dem Gedanken der Nation, aber 1943 und 1944 stellte er das Volk über Vaterland und Familie, als er sein Tun begründete. Schließlich fühlte er sich dem Geheimen Deutschland verpflichtet, dem Erbe des Dichters Stefan George, den er seinen Lehrmeister nannte.

# VI. Staatsstreich

Seit den Staatsstreichversuchen von 1938, die wegen Hitlers
Erfolgen nicht ausgeführt wurden, reihte der Diktator in dem
von ihm entfesselten Krieg einen Sieg an den andern. Der Umsturz war nicht weniger wünschenswert und gerechtfertigt,
aber die Machtmittel fehlten. Mit Hitlers Übernahme des persönlichen Oberbefehls über das Heer im Dezember 1941 wurde
der Zugriff auf Verbände der nötigen Größe unmöglich.

Der Gedanke, ein Armee- oder Heeresgruppenführer an der
Front könnte den „Führer" entmachten, war vage und unrealistisch. Persönliche Vorstöße einzelner Heerführer konnte der
Diktator durch Überredung, Entlassung oder Verhaftung ab-
wehren. Die Schwere der Führungsfehler Hitlers brachte allerdings einige höhere Führer, wie Generalfeldmarschall Erich von
Manstein, seit 1942 dazu, Hitler die Abgabe der persönlichen
Führung des Heeres und die Ernennung eines Wehrmacht-
Generalstabchefs vorzuschlagen. Auch im Oberkommando
des Heeres sprach man 1942 und 1943 oft von einer „Ände-
rung der Spitzengliederung", um die als notwendig erkannte
militärische Entmachtung Hitlers zu umschreiben, rang sich
aber nicht einmal zu einer geplanten Denkschrift durch.

Im Frühjahr 1942 begann Tresckow sich um eine Methode
zu bemühen, die Befehlsgewalt über Truppen zu gewinnen,
die im Reichsgebiet beim Umsturz eingesetzt werden könnten.
Der Grundgedanke war, ähnlich wie im Krisenjahr 1923 im
Reich den Ausnahmezustand zu erklären und dem Heer die
„vollziehende Gewalt" zu übertragen.

General Olbricht, der Chef des Allgemeinen Heeresamtes,
dachte das durch den „Walküre"-Plan ins Werk zu setzen. Der
Plan war während der Winterkatastrophe der Ostfront im
Dezember 1941 entworfen worden zur Mobilmachung der
Ersatz- und Ausbildungstruppen in den Garnisonen sowie der
jederzeit etwa 300 000 auf Heimaturlaub befindlichen Solda-
ten, um sie rasch an die Front werfen oder gegen feindliche
Luft- oder Küstenlandungen einsetzen zu können. Auf ein

Stichwort mußten alle verfügbaren Truppen sich zu verstärkten Regimentern, Brigaden, Kampfgruppen formieren, bewaffnen und munitionieren, und innerhalb weniger Stunden marschbereit machen.

Als es im März 1943 nach vielen Versuchen gelungen war, Hitler zu einem Frontbesuch im Hauptquartier der Heeresgruppe Mitte in Smolensk zu überreden, ließ Olbricht Tresckow wissen, es seien alle Vorbereitungen getroffen. Es fehlte nur, was man die Initialzündung nannte, Hitlers Tod. Soldaten dachten in erster Linie daran, dem Diktator mit der Pistole in der Hand entgegenzutreten und ihn niederzuschießen. Aber es gab viele wirkliche und gedachte Hindernisse: der Geruch von Meuterei und Verrat, der bei einem Flugzeugabsturz durch Sprengstoffanschlag zu vertuschen wäre; die Aufmerksamkeit der Leibwachen; die Überzeugung, daß Hitler kugelsichere Kleidung trage; die Befürchtung des Gastgebers, Generalfeldmarschall von Kluge, in der Verwirrung bei einem Attentat mit Pistolen oder, wie es in Erwägung gezogen wurde, mit Maschinenpistolen durch mehrere Attentäter mit Hitler zugleich erschossen zu werden. So kam Tresckow zu der Überzeugung, daß Sprengstoff am meisten Erfolgssicherheit böte. Am 13. März 1943 brachte er mit Hilfe seines Ordonnanzoffiziers Fabian von Schlabrendorff eine Sprengladung in Hitlers Flugzeug. Wegen Versagens der Zündung explodierte sie nicht. Eine Woche später, als Hitler bei der Feier des Heldengedenktages im Zeughaus in Berlin eine Rede hielt und anschließend eine Ausstellung mit Beutestücken der Ostfront besichtigte, sollte der Abwehroffizier der Heeresgruppe Mitte, Oberst i. G. von Gersdorff, Hitler die Ausstellung erklären. Er trug eine Sprengmine in der Manteltasche, um sich mit Hitler zusammen in die Luft zu sprengen. Als hätte Hitler die Gefahr gewittert, floh er geradezu nach seiner Ansprache aus dem Zeughaus und Gersdorff mußte zurückbleiben. Zwei Wochen nach diesem Fehlschlag wurden führende Verschwörer in Berlin verhaftet (Hans von Dohnanyi, Dietrich Bonhoeffer, Josef Müller), Generalmajor Oster wurde unter Hausarrest „beurlaubt". Die Staatsstreichbemühungen stagnierten.

Tresckow mußte selbst nach Berlin kommen und sich um die Vorbereitungen kümmern. Die verlorene Panzerschlacht von Kursk, die gleichzeitige Landung alliierter Truppen in Sizilien, der beginnende Abfall Italiens vom Bündnis mit Deutschland machten die Situation drängend. Tresckow verzichtete auf einen Urlaub, um im Nachkommando der Heeresgruppe Mitte in der Kaiserallee in Berlin die Befehle für den Einsatz der Truppen am Umsturztag zu überarbeiten. General Olbricht ließ Anfang August Stauffenberg nach Berlin kommen, um dessen künftige Tätigkeit im Stab des Allgemeinen Heeresamtes und die Staatsstreichvorbereitungen zu besprechen. Stauffenberg war im Feldlazarett in Sfax in Tunesien die rechte Hand amputiert worden, und er mußte am rechten Arm noch operiert werden. Er wollte eigentlich am 1. November 1943 seinen Dienst bei Olbricht antreten. Nun ging er sofort in Berlin zum Chef des Generalstabes im Wehrkreis III, dem mitverschworenen Generalmajor Hans-Günther von Rost, in der Hohenzollernstraße 144, sprach mit ihm über die in und um Berlin für den Umsturz in Marsch zu setzenden Truppen und besprach sich mit Tresckow. Dann fuhr er nach München, um die Armoperation vornehmen zu lassen. Die Ereignisse drängten aber immer mehr zum baldigen Staatsstreich, Goerdeler rechnete Ende August für die nächsten Wochen mit dem Umsturz, der Abfall Italiens am 8. September verschärfte die Krisenstimmung, Stauffenberg und Kuhn sprachen über einen Termin am 20. Oktober, an dem Hitler von Oberst i.G. Helmuth Stieff, dem Chef der Organisationsabteilung, bei einer Waffenbesichtigung getötet werden sollte. Als Stauffenberg am 10. September 1943 im Reservelazarett München I sein altes Zimmer bezog, um sich operieren zu lassen, rief Olbricht an und forderte ihn auf, sofort nach Berlin zu kommen. Mit Wirkung vom 15. September wurde er als Chef des Stabes im Allgemeinen Heeresamt zu Olbricht kommandiert, obwohl sein Vorgänger, Oberst i.G. Hellmuth Reinhardt, noch im Amt war und ihn deshalb wochenlang „einführen" mußte.

Stauffenberg überarbeitete die von Olbricht und Tresckow konzipierte Organisation des Umsturzes und paßte sie den jeweiligen Verhältnissen an (Verfügbarkeit von Truppen und Gerät, Veränderungen durch Bombenschäden). Die erste Stufe des Staatsstreiches war die Tötung Hitlers; die zweite die Übernahme der Regierung durch das Ersatzheer, indem auf das Stichwort „Walküre" bestimmte Einheiten die Regierungsgebäude, Rundfunksender, Telephon- und Telegraphenämter, Bahnhöfe, Brücken, Kraftwerke und sonstige Schlüsselstellen besetzten, und zugleich Verbindungsoffiziere und politische Beauftragte der Staatsstreichführung in allen Wehrkreisen die staatlichen Funktionen unter ihre Aufsicht brachten.

Den Panzertruppenschulen galt die besondere Aufmerksamkeit der Planer. Panzertruppen waren die schlagkräftigsten, eindrucksvollsten und schnellsten Kampftruppen, denen die SS in der Heimat nichts Gleichwertiges entgegensetzen konnte. Stauffenbergs Fronterfahrung mit Panzer-Divisionen in Polen, Frankreich und Tunesien erleichterte ihm seine Verbindungen zu den Kommandeuren der Panzereinheiten in der Umgebung von Berlin. Seine durch Verwundungen noch kriegerischere Erscheinung von 1,82 m erhöhte zweifellos die Wirkung seines Auftretens.

Eine vom 31. Juli 1943 datierte Neufassung gab als Anlaß für den „Walküre"-Befehl „innere Unruhen" an. Nun wurde ein weiterer allgemein gehaltener Befehl entworfen, der die inneren Unruhen erklärte: Der „Führer" sei tot, „eine gewissenlose Clique frontfremder Parteiführer" habe „unter Ausnutzung dieser Lage versucht, der schwerringenden Front in den Rücken zu fallen und die Macht zu eigennützigen Zwecken an sich zu reißen". Wie bei Becks Umsturzvorbereitungen von 1938 wollte man behaupten, man trete für den „Führer" ein. Die Umgebung Hitlers galt als durch und durch korrupt, während Hitler selbst als spartanisch genügsam, unermüdlich tätig und vom besten Willen beseelt dastand. Die angesichts aller Mißstände zu hörende Redewendung „wenn das der Führer wüßte" war Ausdruck dieser Meinung, die Verschwörer glaubten, sie müßten darauf Rücksicht nehmen.

Durch einen weiteren besonderen Befehl wurden Widerstand gegen die vollziehende Gewalt, Plünderungen, Gewalttaten, Landesverrat mit standrechtlicher Aburteilung bedroht. Die Standgerichte waren auch zuständig für Mord, Freiheitberaubung, Erpressung und Bestechung. Sie sollten in den ersten Stunden nach dem Umsturz Verbrecher des Regimes aburteilen und gegebenenfalls sofort hinrichten lassen.

Eine vorbereitete „Regierungserklärung" in 12 jeweils mit einer These beginnenden Abschnitten kündigte als erstes und wichtigstes die Wiederherstellung des Rechts an, ferner die Wiederherstellung der Moral, die Absage an Lügen und Propaganda, die Wiederherstellung der Geistes-, Gewissens-, Glaubens- und Wirtschaftsfreiheit, der freien Äußerung der Meinung. Die Erziehung und Bildung der Jugend sollte auf christlicher Grundlage verbunden sein mit der größten Duldsamkeit gegenüber Andersgläubigen, der soziale Ausgleich war Programm, die Beschränkung aller Kriegshandlungen auf Verteidigung der Heimat bis zum gerechten Friedenschluß wurde zugesagt. In dem vorbereiteten Aufruf an die Wehrmacht bestanden die Verfasser darauf, daß die endgültige Verfassung Deutschlands „mit Zustimmung des Volkes", aber erst nach Rückkehr der Soldaten aus dem Krieg festgesetzt werde: „Denn die Frontsoldaten haben einen Anspruch darauf, hierbei mit besonderem Gewicht mitzuwirken."

Stauffenberg verpflichtete sich zu diesen Zielen und meinte es damit ernst. Aber sie stellten doch Kompromisse dar.

Sechzehn Tage vor seinem Tod, zwei Tage vor dem für ihn ersten möglichen Termin für Attentat und Erhebung, lange nach Dienstschluß, in der Nacht des 4. Juli 1944 in Berthold Stauffenbergs Wohnung in der Tristanstraße 8, rang Stauffenberg mehrere Stunden mit der Not der Front, kämpfte gegen Reibungen zwischen Heeresstellen, Rüstungsinstanzen und den Reichsverteidigungskommissaren der Partei, mit den Folgen der letzten Luftangriffe und den Strömen der vielen Tausenden von Flüchtlingen aus dem Osten. In jenen gedrängten Nachtstunden beriet Stauffenberg mit seinem Bruder und dem befreundeten Literaturhistoriker Rudolf Fahrner eine Erklärung ihrer grundsätzlichen Überzeugungen. Fahrner formulierte und beeinflußte sie. Alexander Stauffenberg nannte die

Erklärung „Claus' ‚Schwur'". Claus Stauffenberg wollte vor allem für den sicheren Fall der fremden Besetzung Deutschlands, und für den wahrscheinlichen Fall des eigenen Untergangs, sowie auch zur Unterscheidung seines eigenen Denkens von den vielen Kompromissen, auf die er in der Umsturzkoalition eingegangen war, seine Überzeugungen festlegen. Es existiert ein Exemplar des „Schwurs" mit Stauffenbergs handschriftlichen Korrekturen. Stauffenbergs Grund-Sätze für das Neue Leben nach dem Untergang sind dem Denken des Dichters Stefan George verpflichtet und stellen ein Manifest einer inzwischen versunkenen Welt dar. In dem „Schwur" finden sich die Grundgedanken aus Stauffenbergs früheren Äußerungen seit 1923. Als Fünfzehnjähriger hatte er in einem Gedicht geschrieben: „Wir sind schicksal noch der welt". Das Manifest vom 4. Juli 1944 war für die Zukunft geschrieben, deshalb enthält es keine Urteile über die Vergangenheit. Dennoch scheint es, als hätte hier durch die Formulierungshilfe Fahrners der Geist Stefan Georges den Geist des Ahnen Gneisenau, der von König Friedrich Wilhelm III. nachdrücklich ein „Repräsentativsystem" gefordert hatte, verdrängt. Andererseits war Stauffenberg kein Theoretiker. Als Mörder des Staatsoberhauptes hatte er für seine Person nach dem Umsturz ohnehin weder eine politische noch eine militärische Zukunft.

Stauffenberg hielt in dem „Schwur" fest, daß er, seine Brüder und die dem Dichter verpflichteten Freunde Gerechtigkeit und freies Genügen für jeden im jeweils gegebenen Lebenskreis wollten, und Führende aus allen Schichten des Volkes. Aber die „Gleichheitslüge" lehnten sie ab, sie beugten sich „vor den naturgegebenen Rängen". Sie sahen in Deutschland die Kräfte, „die Gemeinschaft der abendländischen Völker zu schönerem Leben zu führen". Die Sprache, das erste Medium des Denkens, hatte sich noch nicht zur Erfassung des Grauens der damaligen Gegenwart und der allein darauf zu gebenden Antwort durchgerungen. Die besondere Betonung der Ungleichheit mußte zwangsläufig zu abwegigen Interpretationen führen.

Neben seinen mehr als tagfüllenden dienstlichen Aufgaben nahm Stauffenberg bald an den Bemühungen teil um Zusammenfassung politischer Kräfte von konservativen bis sozialistischen und kommunistischen Kreisen mit dem Ziel einer Regierung der nationalen Einheit nach Hitlers Sturz, und an den Bemühungen um eine wohlwollende Haltung der Kriegsgegner gegenüber einer Umsturzregierung. Er entwickelte politische Beziehungen zu dem Sozialisten Julius Leber, zu dem sozialistisch orientierten Adam von Trott, zu dem liberal-konservativen Carl Goerdeler, zu Schulenburg, zu Moltke, er lernte Hermann Maaß und Jakob Kaiser gut kennen, traf mit Eduard Brücklmeier, Eugen Gerstenmaier, Jens Peter Jessen, Ulrich von Hassell, Johannes Popitz, Wilhelm Leuschner, Max Habermann zusammen. Mit Generaloberst Beck besprach er wöchentlich technische und politische Fragen der Umsturzplanung.

Obwohl die engen Beziehungen zwischen Stauffenberg und Leber von jeher bekannt sind, tut sich die Nachwelt schwer, Stauffenberg als Demokraten anzusehen. Doch berichten Kameraden wie Oberstleutnant i. G. Peter Sauerbruch und Major i. G. Joachim Kuhn pointiert von Stauffenbergs Streben nach demokratischer Erneuerung. Er zeigte sich beeindruckt von der Haltung der SPD im Jahre 1933 und kritisierte die führende Schicht, die die Republik im Stich gelassen und zugrunde gerichtet habe, deshalb, sagte er, suche er das Gespräch mit Gewerkschaftführern und Sozialdemokraten. Die zunächst unvermeidliche Militärdiktatur dürfe nur dazu dienen, Hitler und seine Clique zu beseitigen und den Boden für den demokratischen Staat zu bereiten.

Eine Außenpolitik der Verschwörung gab es eigentlich nicht, es blieb bei Versuchen der Staatsstreichplaner, Verbindungen nach außen und Vereinbarungen für die Zeit nach dem Umsturz zu suchen. Obwohl die Kriegsgegner in der Atlantik Charta von August 1941 die vollständige Entwaffnung Deutschlands angekündigt hatten und die bedingungslose Kapitulation verlangten*, hofften manche der Gegner Hitlers auf Vereinbarungen, durch die Gebietverluste und die Beset-

---

* Im Prinzip seit Beginn des Krieges, ausdrücklich seit der Konferenz von Casablanca im Januar 1943.

zung deutschen Landes durch feindliche Truppen weitgehend vermieden würden. Je länger der Krieg dauerte und je mehr die deutsche Wehrmacht zur See, in der Luft und zu Land zurückgedrängt wurde, desto mehr schwanden solche Hoffnungen. Allerdings erklärte Trott schon 1942, seit 1943 auch namens Stauffenbergs, daß die Hitler-Gegner die Nichtaufrechterhaltung des territorialen status quo ante bellum akzeptierten. Doch selbst im Falle der unausweichlichen Kapitulation stellte man sich vor, daß Verhandlungen über den Rückzug der Truppen und die Übergabe von Kriegsmaterial stattfinden würden. Die Lage vom 8. Mai 1945, als es gar keine Fronten mehr gab, stellte man sich nicht vor. Stauffenberg war sich aber spätestens im Herbst 1943 klar, daß der Krieg verloren sei. Wenn er von der Hoffnung sprach, die Westalliierten zum Vorrücken bis an die deutsche Ostfront zu bewegen, so schloß das jedenfalls die Besetzung Deutschlands ein, und zugleich den Wunsch, die Besetzung durch sowjetische Truppen zu vermeiden. Wichtiger aber war die nie ganz aufgegebene Hoffnung, die Kriegsgegner wollten den Krieg abkürzen und würden deshalb die deutsche Untergrundverschwörung unterstützen.

Moltke reiste im Dezember 1943 dienstlich nach Istanbul und überbrachte dabei an Kontaktleute für die amerikanische Regierung den Vorschlag, alliierte Truppen im Westen ungehindert landen zu lassen, um damit den Krieg zu beenden und die drohende Besetzung Deutschlands durch die Rote Armee abzuwenden. Der Vorschlag setzte entsprechende Zusagen seitens der militärischen Verschwörer und die Tötung Hitlers voraus. Moltke hatte sich bis dahin gegenüber Umsturzplänen zurückgehalten, weil er die Verschwörer für unfähig hielt und von ihrem Mißerfolg sinnlose Opfer erwartete. Nach Stauffenbergs Eintritt in die Verschwörung hatte er diese Einschätzung geändert. Freilich blieb sein Vorschlag vom Dezember 1943 ebenso unbeachtet wie alle bisherigen Kontaktversuche, und er blieb auch unbeachtet, als ihn Trott im März, April und Mai 1944 über Stockholm und Bern wiederholte.

Ulrich von Hassell und Adam von Trott verfolgten auch den Gedanken, entweder den Amerikanern oder den Russen deutlich zu machen, daß sie an einem stabilen Deutschland interessiert sein müßten. Auch Berthold Stauffenberg sprach im Herbst 1943 davon, solange die Fronten hielten, den östlichen gegen den westlichen Gegner politisch auszuspielen.

Kommunistische Historiker haben sich bemüht, Stauffenberg als gegenüber den Zielen des in der Sowjetunion von kommunistischen Emigranten und von Kriegsgefangenen gegründeten „Nationalkomitee Freies Deutschland" wohlwollend hinzustellen. Sie suggerierten Zusammenhänge zwischen den Erlebnissen von Stauffenbergs Freund aus der Kriegsakademiezeit, Oberst i. G. Albrecht Mertz von Quirnheim, an der Ostfront und der Tätigkeit des Schwagers Mertz', Generalmajor Otto Korfes, eines Mitbegründers des „Bundes Deutscher Offiziere" im sowjetischen Kriegsgefangenenlager Lunjowo im September 1943 im „Nationalkomitee". Stauffenberg unterschied aber zwischen eventuellen Verhandlungen mit den militärischen Führern der Sowjetunion einerseits und der ideologischen Subversion der deutschen Wehrmacht andererseits. Er distanzierte sich vom „Nationalkomitee", bezeichnete dessen Tätigkeit als Landesverrat und lehnte Verbindungen mit dem Komitee ab, was die kommunistischen Historiker nicht erwähnen. Jedoch stimmte er im Juni 1944 einem Kontakt mit dem Untergrund-Zentralkomitee der KPD im Reich zu. Die militärische Lage war dafür ein wichtiger Grund: Am 6. Juni waren amerikanische, englische und kanadische Truppen in Nordfrankreich gelandet. Die sowjetische Sommeroffensive, die innerhalb von sechzehn Tagen zur weitgehenden Vernichtung der Heeresgruppe Mitte führte, begann zwar erst am 22. Juni, zeichnete sich aber schon ab. Ohnehin war Stauffenberg klar, daß Hitler seit 1943 die Kräfte der Wehrmacht auf die Abwehr der Westmächte konzentrierte und im Osten nur noch hinhaltenden Widerstand leisten ließ. Es war also nötig, über die Haltung der Kommunisten im Fall eines Staatsstreiches Klarheit zu erhalten und auch Verhandlungsmöglichkeiten mit der Sowjetunion zu erforschen, zumal die Westmächte bisher alle Fühler der Verschwörer negativ beschieden hatten. Auch die dem Sozialismus und Marxismus zugewandten Verschwörer konnten die Besetzung deutschen Landes durch die Rote Armee nicht wünschen, gerade weil sie die von deutscher Seite gegenüber den Völkern der Sowjetunion begangenen Verbrechen teilweise kannten. Eben deshalb traten sie Hitler entgegen.

Im Laufe des Jahres 1943 war man sich in der Verschwörung weithin einig geworden (Goerdeler widersprach noch), daß die Tötung Hitlers Voraussetzung für alle weiteren Schritte sein müsse. Die Militärs, die die Staatsstreichbefehle befolgen sollten, mußten von dem seit August 1934 Hitler persönlich geleisteten Treueid entbunden werden. Selbst ein stark angeschlagener aber lebender „Führer" konnte noch das Heer und die Nation spalten.

Monatelang suchten Stauffenberg und seine Mitverschworenen nach einer Möglichkeit, Hitler umzubringen. Bis auf einen oder zwei aus ihren Reihen hatten sie selbst keinen Zugang. Stauffenberg hatte im September 1942 erklärt, er sei bereit, Hitler zu töten. Nach seinen schweren Verwundungen war daran nicht mehr zu denken, er hatte ohnehin keinen Zugang, außerdem war er in Berlin unentbehrlich. Tresckow hatte mehrfach versucht, sich in die Operationsabteilung des Oberkommandos des Heeres versetzen zu lassen, hatte den Chef der Abteilung, Generalleutnant Adolf Heusinger, im Urlaub vertreten wollen, um selbst die Gelegenheit zum Attentat auf Hitler zu erhalten, aber Heusinger war nicht darauf eingegangen. Die Verschwörer mußten also andere Mitverschworene finden, die in Hitlers Umgebung gelangen und die Tat ausführen konnten. Als Vorwand sollte eine Vorführung neuer Ausrüstungen dienen. Aber die dazu bereit waren – Axel Freiherr von dem Bussche, Ewald Heinrich von Kleist, Eberhard von Breitenbuch – gelangten trotz allen Bemühungen nicht in Hitlers unmittelbare Nähe. Andere Mitverschworene, die Zugang zu Hitler hatten, wie Generalmajor Helmuth Stieff oder Oberst d.G. Joachim Meichßner, waren zum Attentat nach ursprünglichen Zusagen dann doch nicht bereit.

Im Oktober 1943 war zum erstenmal ein Termin angesetzt, an dem das Attentat ausgeführt werden konnte, jedoch waren, wie ein überlebender Mitverschwörer berichtet, die Vorbereitungen noch ungenügend. Stieff hatte sich zum Attentat bereit erklärt, wollte aber einen Mittäter dabei haben und wollte, als der sich fand, daß es ein anderer tue und er nur Hilfestellung leiste. Bussche und Kleist konnten nicht verstehen, warum Stieff es nicht tue, da er Zugang habe, erklärten sich dennoch bereit, kamen aber bei mehreren Anläufen von Ende November 1943 bis Ende Januar 1944 nicht zum Zug, weil die Termine immer wieder abgesagt wurden. Breitenbuch begleitete im März 1944 als Ordonnanzoffizier den Nachfolger Kluges im Oberbefehl der Heeresgruppe Mitte, Generalfeldmarschall Ernst Busch, in Hitlers Hauptquartier bei Berchtesgaden und wollte Hitler erschießen, durfte aber dann nicht mit in das Besprechungszimmer. Andere Sondierungen Stauffenbergs blieben ebenfalls erfolglos.

Stauffenbergs Versetzung als Chef des Generalstabes zum Befehlshaber des Ersatzheeres, Generaloberst Friedrich Fromm, die vor Mitte Mai 1944 festgelegt war und Anfang Juni in Kraft trat, eröffnete neue Aussichten in zweifacher Hinsicht.

Erstens erhielt Stauffenberg selbst eventuell Zugang zu Hitler, wenn er mit Fromm oder allein zum Bericht („Vortrag") befohlen würde. In der zweiten Aprilhälfte, als seine und Mertz' Versetzungen sich abzeichneten, stellte Stauffenberg sich sofort darauf ein, das Attentat selbst auszuführen. Wenn Hitler sich wie gewöhnlich bei Berchtesgaden oder bei Rastenburg aufhielt, würde Stauffenberg zweimal über fünfhundert Kilometer zurücklegen müssen, konnte also, selbst wenn er nach dem Attentat aus dem Hauptquartier entkommen konnte, nur mit beträchtlicher Verzögerung wieder in der Staatsstreichzentrale in Berlin sein. Damit kam eine so große Unsicherheit in die Ausführung, daß diese nur noch eine symbolische Tat war, deren Erfolg von vornherein fast ausgeschlossen war.

Das zweite neue Moment war die Gewinnung eines energischen und zuverlässigen Mitverschwörers in Berlin, der die Truppen in Gang setzen würde, während Stauffenberg im Hauptquartier war. Damit war die Schwierigkeit, die Zeit während Stauffenbergs Abwesenheit von Berlin zu überbrükken oder ihn gar, wenn nötig, zu ersetzen, womöglich doch zu überwinden. Die Erhebung hätte so noch Aussicht auf Erfolg gehabt. Es gelang Stauffenberg, den Freund aus der Zeit der Kriegsakademie, Oberst i.G. Mertz von Quirnheim, auf die Seite der Verschwörung zu ziehen und als seinen Nachfolger zu Olbricht versetzen zu lassen.

In der Wirklichkeit verlaufen die Entwicklungen nicht klar und einlinig. Während der Entschluß in Stauffenberg reifte, das Attentat selbst durchzuführen, hoffte man anscheinend immer noch auf Stieff. Am 7. Juni begleitete Stauffenberg zum erstenmal Generaloberst Fromm zu einer „Sonderbesprechung" bei Hitler auf den „Berghof" bei Berchtesgaden. Stauffenberg stellte fest, wie er zu Stieff sagte, „daß man in unmittelbarer Nähe des Führers recht zwanglose Bewegungsmöglichkeiten habe", worin vielleicht ein Vorwurf gegenüber dem Mitverschwörer steckte. Am 7. Juli, als Stieff an einer Waffenvorführung bei Hitler teilzunehmen hatte, versagte er sich wieder.

Die nächste Gelegenheit ergab sich, als Stauffenberg am 11. Juli wieder auf dem „Berghof" bei Hitler war. Er hatte gemessene Instruktionen höherrangiger Verschwörer, das Attentat nur auszuführen, wenn auch Göring und Himmler mit Hitler zusammen anwesend wären. Die Feldmarschalle Kluge und Rommel ließen Beck wissen, daß die beiden Paladine gleichzeitig mit Hitler ausgeschaltet werden müßten. Der Generalquartiermeister General Eduard Wagner, General Erich Fellgiebel, Generalmajor Stieff, General Olbricht, Generaloberst Erich Hoepner und Generaloberst Beck bestanden auf der gleichzeitigen Anwesenheit wenigstens Himmlers. Himmler hatte die Befehlsgewalt über die gesamte SS, eine potentielle Bürgerkriegsarmee; Göring war der gesetzlich festgelegte Nachfolger Hitlers. Wenn Stauffenberg das Attentat ausführte, Hitler tötete, dabei oder kurz darauf selbst sein Leben verlor, und wenn dann der Staatsstreich nicht folgte, sondern Göring und Himmler die Macht übernahmen und, was ihnen unter den Umständen nicht schwerfallen könnte, die Loyalität von Wehrmacht und Nation für sich in Anspruch nahmen, dann gingen das Töten, Morden und Zerstören weiter. So waren die Forderungen der Generale nicht ganz von der Hand zu weisen. Sie waren aber doch unrealistisch und schoben eventuell um der größeren Sicherheit willen Attentat und Aufstand auf die lange Bank. Als Stauffenberg erfahren hatte, daß Göring und Himmler nicht kämen, fragte er Stieff: „Herrgott, soll man nicht doch handeln?"

Am 15. Juli, als Stauffenberg wieder ins Hauptquartier zu einer Besprechung mit Hitler flog, diesmal zur „Wolfschanze", war er fest entschlossen, das Attentat auszuführen. Zur Zeit seines Abfluges aus Berlin gab Mertz die Befehle zur Marschbereitschaft an die „Walküre"-Truppen in der Umgebung von Berlin aus, rund fünf Stunden vor dem voraussichtlichen Zeitpunkt des Attentats. Daraus geht hervor, daß Stauffenberg das Attentat mit oder ohne Anwesenheit Görings und Himmlers ausführen wollte. Damit war der Rubikon überschritten, da man nicht beliebig Truppen alarmieren konnte (1943 hatte ein Probealarm die NSDAP-Führung sofort mißtrauisch gemacht und zu wütenden Interventionen veranlaßt).

Als Stauffenberg am 15. Juli in der „Wolfschanze" ankam, erfuhr er von Fellgiebel und Stieff, daß er den Sprengstoff wieder nicht zünden solle, weil Himmler nicht da sei. Wagner hatte bereits am 14. Juli darauf bestanden, Beck, Olbricht und Hoepner stimmten ihm zu. Aber sie unterrichteten Stauffenberg von diesem Beschluß nicht am Abend des 14. Juli, als sie ihn faßten, sondern erst, als Stauffenberg schon in der „Wolfschanze" war und die „Walküre"-Maßnahmen in Berlin angelaufen waren!

Stauffenberg konnte kaum glauben, was ihm geschah. Wenn die höherrangigen Verschwörer mit der übergeordneten Befehlsgewalt die Umsturzmaßnahmen desavouierten, waren Stauffenberg und Mertz verraten und verloren. Die „Walküre"-Truppen würden ihre Befehle nicht ausführen, wenn Fromm oder wenigstens Olbricht und Wagner sie nicht bestätigten. Die Mitverschworenen im Generalsrang ließen Stauffenberg nicht nur vorangehen in seiner nach allen praktischen

Gesichtspunkten absurden Doppelrolle, im über fünfhundert Kilometer entfernten Führerhauptquartier Hitler zu töten, dann zu entkommen zu suchen, nach Berlin zu fliegen und hier den Staatsstreich zu leiten. Sie sabotierten ihn auch noch dabei.

Am 15. Juli brachte Stieff in der „Wolfschanze" Stauffenbergs Aktentasche mit dem Sprengstoff außer Reichweite. So konnte Stauffenberg den Zünder für den Sprengstoff vor der ersten von drei Besprechungen mit Hitler, die an diesem Tag kurz nacheinander stattfanden, nicht in Gang setzen, wie er es vorhatte. Stauffenberg telephonierte während der Besprechungen zweimal mit Mertz in Berlin, um sich trotz Himmlers Abwesenheit freie Hand geben zu lassen. Mertz meldete es Olbricht, Olbricht telephonierte mit Beck und Hoepner, die Antwort lautete „nein" (Beck gehörte jedoch nach dem einzigen zu diesem Punkt vorhandenen Bericht nicht zu den Zögerern). Bei seinem zweiten Gespräch mit Mertz fragte Stauffenberg, ob Mertz mittue, wenn er ohne Zustimmung der Generale den Sprengstoff zünde. Mertz antwortete: „Tu's." Als Stauffenberg wieder in den Beratungsraum kam, war die Besprechung mit Hitler zuende, die Gelegenheit vorüber. Unklar bleibt, ob er überhaupt seiner Aktentasche wieder habhaft geworden war; denn er berichtete am Abend des 16. Juli Generaloberst Beck, Stieff habe die Aktentasche mit dem Sprengstoff weggebracht, während Stauffenberg mit Berlin telephoniert habe.

Generaloberst Fromm hatte die als „Übung" deklarierte Alarmierung vom 15. Juli durchschaut und scharf gerügt. Stauffenberg mußte also auch deshalb in Zukunft damit rechnen, daß in Berlin nichts geschah, während er im „Führerhauptquartier" war.

Zu den neuen Enttäuschungen über die Haltung der „Führer und Vorbilder" (vgl. oben S. 32, 65) kamen noch mehrere schlechte Nachrichten: Am 5. Juli war Julius Leber verhaftet worden, Generalfeldmarschall Erwin Rommel, Oberbefehlshaber der Heeresgruppe B an der Westfront, der den Umsturz nun unterstützte, wurde am 17. Juli schwer verwundet, am 18. Juli erfuhr Goerdeler in Berlin von seiner bevorstehenden Verhaftung, am selben Tag hörte Stauffenberg von dem in Berlin umlaufenden Gerücht, das „Führerhauptquartier" werde demnächst „in die Luft gesprengt", die ganze Verschwörung stand also kurz vor der Aufdeckung.

Am 19. Juli versicherten Stauffenberg und Mertz sich noch einmal der bei Berlin liegenden Panzertruppen, die in diesen Tagen nach Ostpreußen abtransportiert werden sollten. Mertz bat den Chef des Stabes beim Generalinspekteur der Panzertruppe, Generalmajor Wolfgang Thomale, den Abtransport um einige Tage zu verschieben, weil die Truppen noch für eine „Walküre"-Übung gebraucht würden.* Thomale fragte den Generalinspekteur, Generaloberst Heinz Guderian, der die Genehmigung erteilte und wahrscheinlich den Zweck durchschaute.

Als Stauffenberg am 20. Juli wieder ins Hauptquartier flog, wurden die „Walküre"-Befehle nicht im voraus herausgegeben. So vergingen fünf wertvolle Stunden ungenützt. Stauffenberg wußte, daß seine Tat ein Opfergang war.

Wegen Nebel konnte das Kurierflugzeug, mit dem Stauffenberg und sein Ordonnanzoffizier Oberleutnant Werner von Haeften am 20. Juli zur „Wolfschanze" flogen, statt um 7 erst um 8 Uhr abfliegen und landete am Ziel um 10.15 Uhr. Vor der mittäglichen Lagebesprechung, bei der Stauffenberg über die Aufstellung der „Sperrdivisionen" zur Abriegelung Ostpreußens gegen den Vormarsch der Roten Armee vortragen sollte, hatte er Vorbesprechungen bei den damit befaßten Stellen, darunter das Oberkommando der Wehrmacht, dessen Chef Generalfeldmarschall Wilhelm Keitel war. Am Ende der letzten Vorbesprechung mußte er sich unter einem Vorwand zurückziehen, um den Zünder seiner Sprengladung in Gang zu setzen. Zwischen dem Ort der letzten Vorbesprechung und der Baracke, in der die Lagebesprechungen stattfanden, war

---

* Einer Reichsgerichtsentscheidung zufolge liegt Landesverrat nicht vor, wenn die fragliche Handlung die Abwendung größerer Nachteile für das Reich bezweckt.

ein Weg von etwa vier Minuten (rund 400 Meter) zurückzulegen.

Hitlers Lagebesprechung war um eine halbe Stunde auf 12.30 vorverlegt worden, weil am frühen Nachmittag Mussolini in seinem Sonderzug erwartet wurde. Keitel wollte pünktlich sein und drängte zu raschem Aufbruch zur „Lagebaracke". Stauffenberg sagte einem Adjutanten Keitels, er wolle sich etwas frisch machen und das Hemd wechseln. Der Adjutant zeigte ihm sein Schlafzimmer, Stauffenberg ging hinein, kam aber gleich wieder heraus, er brauchte Haeften, der ihm helfen sollte und der die Aktentasche bei sich hatte, in der auf zwei kompakten Paketen von je zwei Pfund Plastiksprengstoff mit Säurezündern ein Hemd lag. Er fand ihn in einem Aufenthaltsraum, während Keitel und einige andere Offiziere vor die Baracke traten, um auf Stauffenberg zu warten. Da Keitel schon ungeduldig wurde, ließ er seinen Adjutanten Stauffenberg zur Eile mahnen, der Adjutant schickte einen Feldwebel des Stabes, dieser ging und öffnete die Tür des Raumes, in dem er vorher schon Stauffenberg und Haeften hatte hantieren sehen und führte seinen Auftrag aus. Stauffenberg schien erregt und sagte abrupt, er komme gleich. Da rief auch der Adjutant von der Barackentüre aus, Stauffenberg möge doch kommen. Der Feldwebel blieb an der offenen Tür stehen und sah zu, wie Stauffenberg und Haeften hantierten, ohne zu erkennen, was sie taten. Haeften hielt ein Sprengstoffpaket, Stauffenberg drückte mit einer Flachzange die Hülse mit der Glasampulle eines Säurezünders* zusammen.

* Die Säure entwich nach dem Zerbrechen der Ampulle in etwas Watte, die einen dünnen Draht umgab, der eine Spiralfeder gespannt hielt. Wenn die Säure den Draht durchfressen hatte, schlug ein Bolzen auf die Zündkapsel. Die Zündzeiten variierten mit der Lufttemperatur und entsprechend der Legierung des Drahtes und der Verteilung der Säure in der Watte um 50 % und mehr. Es gab Zünder für 10, 30, 60 usw. Minuten Verzögerung. Da an einem Sommertag bei etwa 20° Celsius die Verzögerung eines 10-Minuten-Zünders weniger als fünf Minuten betragen konnte, mußte ein 30-Minuten-Zünder verwendet werden, dessen Verzögerung bei derselben Lufttemperatur zwischen 14.25 und 28.75 Minuten liegen müßte.

Stauffenberg konnte nicht wissen, was der Feldwebel gesehen hatte, man kann sich aber vorstellen, was in ihm vorging, er mußte jedenfalls mit seiner Entdeckung rechnen. Er hatte nun, als er aus dem Zimmer kam und sich auf den Weg zur Lagebaracke begab, nur eines der beiden Sprengstoffpakete in seiner Aktentasche, das andere hatte Haeften. Nach Meinung der Experten der Kriminalpolizei hätten die beiden Pakete zusammen genügt, um alle in der Lagebesprechung Anwesenden zu töten, wie es Stauffenbergs Absicht war; er konnte nicht wissen, in welchem Teil des Raumes Hitler sich im Augenblick der Explosion befinden würde.*

Das verwendete Paket enthielt, ebenso wie das nicht verwendete, zwei Zünder, wie es die Hersteller der Zünder zur Sicherheit empfahlen. Vermutlich hat Stauffenberg beide Zünder des einen Pakets in Gang gesetzt. Das war ein nicht ganz einfacher Vorgang: Zuerst mußte ein Blick durch ein Schauloch in der Zündhülse ergeben, ob das Schauloch frei und somit die Feder für den Schlagbolzen noch gespannt war. Dann wurde ein durch ein anderes Loch gezogener umgebogener weicher Metallstreifen gerade gebogen, herausgezogen und zur Sicherung in das Schauloch gesteckt. Danach erst durfte die in einer dünnen Kupferhülse befindliche Säureampulle zerdrückt werden, ohne daß der Draht, den sie durchfressen sollte, dabei schon geknickt wurde. Da Stauffenberg nur die drei Finger der linken Hand hatte, benützte er eine Flachzange, und mußte vorsichtig zudrücken. Nun mußte der Metallstreifen aus dem Schauloch gezogen und der Zünder in die Zwischenpatrone (Tetryl) im Plastiksprengstoff eingesetzt werden. Zwei solche Operationen dauerten wenigstens je eine Minute. Der Zeitdruck ist also evident.

Beide Pakete waren mit Zündern versehen. Die hohe Detonationsgeschwindigkeit von rund 8000 Metern pro Sekunde, durch die sich der verwendete Sprengstoff, Hexogen (Cyclo-

---

* Auch wenn Stauffenberg bis zur Explosion geblieben wäre, hätte er sich nicht mit der Aktentasche in seinen drei Fingern der verbliebenen Hand ständig an Hitler herandrängen können. Ein Pistolenattentat kam für ihn noch weniger in Frage als für die anderen Tatwilligen.

trimethylentrinitramin), einer der stärksten für militärische Zwecke verwendeten Sprengstoffe, auszeichnete, hätte die beiden Pakete, wären sie in der Aktentasche beisammen gelegen und hätte nur eines einen in Gang gesetzten Zünder gehabt, praktisch gleichzeitig detonieren lassen und die Wirkung verdoppelt. Wahrscheinlich dachte Stauffenberg, die Zünder müßten in beiden Paketen in Gang gesetzt werden, was er nun unter Beobachtung und Zeitdruck nicht mehr tun konnte. Ob er einem vorher bestehenden Irrtum oder einem Trugschluß im drängenden Augenblick zum Opfer gefallen war, läßt sich nicht feststellen. So ist der Schluß zwingend, daß Stauffenberg sich durch die Störung gehindert sah, beide Pakete in seine Aktentasche zu legen.

Stauffenberg ging nun mit dem Chef des Heeresstabes im Oberkommando der Wehrmacht, Generalmajor Walther Buhle, in angelegentlichem Gespräch die rund vierhundert Meter zur Lagebaracke. Kurz vor dem Eintritt gab er Keitels Adjutanten seine Aktentasche mit der Bitte, ihn samt seiner Aktentasche möglichst nahe bei Hitler zu plazieren, weil er wegen seiner Verwundungen nicht so gut höre. Als er in den Raum trat, war die Besprechung im Gang, Generalleutnant Heusinger trug die Lage an der Ostfront vor. Der Vortragende stand rechts von Hitler am Kartentisch, sein Gehilfe, zum Vorlegen der Karten, wieder rechts von ihm. Keitels Adjutant erfüllte Stauffenbergs Bitte und plazierte ihn rechts von und etwas hinter Heusinger, in der Voraussetzung, daß er als nächster vortrüge und dann die Stelle Heusingers einnähme. Die Aktentasche stellte der Adjutant vor Stauffenberg auf den Boden. Stauffenberg murmelte kurz darauf, er müsse telephonieren, gab Keitels Adjutanten ein Zeichen und ging mit diesem hinaus. Auf dem Flur bat er ihn um eine telephonische Verbindung mit General Fellgiebel, der Adjutant beauftragte einen Telephonisten in der Baracke und ging wieder in das Besprechungszimmer. Stauffenberg nahm den Hörer, legte ihn gleich wieder hin und ging aus der Baracke. Seine Mütze ließ er zurück, wohl um anzudeuten, daß er sofort wieder zurückkäme, und ging zum etwa zweihundertfünfzig Meter entfernten Gebäude der Wehrmachtadjutantur, wo Haeften und Fellgiebel auf ihn warteten.

Nach wenigen Minuten erfolgte die erwartete gewaltige Explosion in der Lagebaracke.

Einer der Teilnehmer der Lagebesprechung, der Stenograph Regierungsrat Heinrich Berger, starb am selben Nachmittag, er war am Ende des Tisches, wo die Aktentasche stand, gesessen, und die Explosion hatte ihm beide Beine abgerissen. Zwei weitere Schwerverletzte starben am 22. Juli, ein vierter am 1. Oktober 1944. Hitler erlitt eine erhebliche Prellung des Armes, mit dem er sich im Augenblick der Explosion auf den Tisch gestützt hatte, ferner geplatzte Trommelfelle, Ohrenblutungen, Schürfungen, und seine Hose war durch den Explosionsdruck von unten her in lauter lange, schmale Streifen zerfetzt. Seine Ärzte behandelten die Verletzungen, er zog sich um, und am Nachmittag empfing er wie vorgesehen Mussolini und zeigte ihm die Stätte der Verwüstung.

Nachträglich kamen Legenden auf, die den Fehlschlag erklären sollten. Es hieß, die Lagebesprechung sei plötzlich von einem Bunker in eine Baracke verlegt worden, oder die Aktentasche sei unter dem schweren Kartentisch des Lagezimmers verschoben worden. Das erste ist nicht richtig. Die mittäglichen Lagebesprechungen fanden seit der Rückkehr des „Führerhauptquartiers" vom „Berghof" am 14. Juli immer in derselben Baracke statt. Auch konnte Stauffenberg sich nicht über den Ort der Lagebesprechung täuschen, weil er am 15. Juli in der selben Baracke der „Wolfschanze" an den Besprechungen teilgenommen hatte. Das zweite durfte keinen Einfluß auf den Erfolg haben, wenn die gesamte berechnete Sprengstoffmenge verwendet wurde. Es gäbe auch keine plausible Erklärung für ein etwa vorher geplantes Zurückbehalten des zweiten Paketes.

Stauffenberg und Haeften stiegen sofort nach der Explosion in das bereitstehende Auto mit einem Fahrer des „Führerbegleit-Bataillons" und ließen sich zum Flugplatz fahren. Eigentlich hätte das gar nicht gelingen dürfen; denn jede Explosion, jeder Schuß, jeder Bombenabwurf löste Alarm in den

Sperrkreisen des Hauptquartiers aus und niemand durfte passieren. Der Wachhabende der ersten Sperre ließ sich überrumpeln, als Stauffenberg, mit seinem einen Auge wild blickend, etwas von einem „Führerbefehl" fauchte. An der zweiten Wache ließ sich der Wachhabende nicht beeindrucken und ließ das Auto erst passieren, nachdem Stauffenberg einen Offizier des Stabes des „Führerhauptquartier"-Kommandanten telephonisch gebeten hatte, die Wache dazu zu autorisieren. Unterwegs in einer waldigen Strecke warf Haeften das zweite Sprengstoffpaket aus dem Auto. Am Flugplatz stiegen Stauffenberg und Haeften in die Heinkel „He 111", die General Wagner zur Verfügung gestellt hatte (auf eine Kuriermaschine konnten sie natürlich nicht warten), und flogen nach Berlin zurück.

Ob Stauffenberg und Haeften auf dem etwa zweistündigen Flug nach Berlin über die Nichtverwendung des zweiten Sprengstoffpakets sprachen, ist nicht bekannt. Stauffenberg war jedoch offenbar überzeugt, daß Hitler tot sei. Als er zwei oder drei Minuten nach der Explosion in dreißig Meter Entfernung von der Lagebaracke zum Sperrkreisausgang gefahren war, hatte er ein Bild der Verwüstung gesehen voll Rauch, in der Luft herumfliegender Papierfetzen, hin- und herlaufender Leute. Es sei gewesen, als hätte eine 15-Zentimeter-Granate eingeschlagen, undenkbar, daß da jemand mit dem Leben davongekommen sei, sagte er seinen Mitverschworenen in Berlin.

Fellgiebel wollte sich nicht auf einen Eindruck aus der Ferne verlassen, ging in die Nähe der Lagebaracke, und sah, daß Hitler den Anschlag überlebt hatte. Dann ging er zur gegenüberliegenden Fernschreibzentrale und meldete das Geschehene an die Verschwörer in Berlin, wenn auch etwas verschlüsselt: Hitler habe soeben ein Attentat überlebt. Er mochte sich überlegt haben, daß Hitler sofort telephonisch und über den Rundfunk widersprechen konnte, wenn er erfuhr, was vorging, und daß man ihn für tot erklärte, und daß es besser sei, wenn die Verschwörer damit rechneten. Sofort nach seinem Telephongespräch befahl Fellgiebel die vorgesehene Sperrung aller Nachrichtenverbindungen, sie blieb auch für ein paar Stunden weitgehend in Kraft, da sie zunächst im Interesse der alten Führung lag, bis eben die Vorgänge in Berlin erforderten, daß das Hauptquartier der Version von Hitlers Tod entgegentrat. Fellgiebel hatte nicht die Machtmittel, das zu hindern. Insofern hatte Fellgiebel die übernommene Aufgabe ausgeführt. Eine Legende behauptet, Fellgiebel hätte die physische „Zerstörung" der Nachrichtenanlagen übernommen und diese unterlassen. Eine solche Zerstörung war weder möglich, da die Kabel in der Erde verlegt wurden und alle paar hundert Meter Schächte mit Anschlußmöglichkeiten hatten für mobile Vermittlerzentralen, noch wäre sie im Sinne der Erhebung sinnvoll gewesen, weil die neuen Machthaber die Anlagen ebenfalls brauchten. Allerdings wird man denken, wenn einer einen solchen Verbrecher wie Hitler beseitigen wolle, müsse er rücksichtslos vorgehen, Fellgiebel hätte versuchen sollen, Hitler zum Überleben des Attentats zu gratulieren und ihn dabei zu erschießen.

Zwischen 13 und 14 Uhr, als Stauffenberg und Haeften nach Berlin unterwegs waren, erhielt Olbricht die Nachricht von dem mißlungenen Anschlag, anscheinend ohne nähere Einzelheiten, als daß Hitler überlebt habe. Obwohl damit die Verschwörung als enthüllt anzusehen war, beschloß Olbricht, abzuwarten. Er beriet sich mit dem eingeweihten Stabschef Fellgiebels, Generalleutnant Fritz Thiele, und mit dem Generalquartiermeister General Wagner, die es ebenfalls für richtig hielten, so zu tun, als wüßten sie von nichts. Vielleicht war Stauffenberg tot oder festgenommen, vielleicht konnte man sich noch herausreden (wie Olbricht nach dem Bericht von Hans Bernd Gisevius noch am Abend beinahe hoffte). Nur Mertz zog die Konsequenz, den Umsturz nun einzuleiten, gab nach 13 Uhr die telephonischen Anweisungen, die er am 15. Juli schon zwischen 7 und 8 Uhr früh durchgegeben hatte. Aber die schriftlichen Marschbefehle nahm Mertz erst dann aus Olbrichts Panzerschrank, als Haeften vom Flugplatz Rangsdorf angerufen, seine und Stauffenbergs Rückkehr gemeldet und das Fehlen des bestellten Autos beanstandet hatte. Mertz handelte in diesem Augenblick gegen den Willen Olbrichts. Olbricht sagte am Abend: „Der Mertz hat mich überspielt."

Als Stauffenberg in die Diensträume des Befehlshabers des Ersatzheeres im Gebäude des Kriegsministeriums in der Bendlerstraße (heute Stauffenbergstraße) kam, sagte er den Mitverschwörern, die er da vorfand, darunter sein Bruder Berthold in Marineuniform, Schulenburg, Oberst Fritz Jäger, Oberleutnant Ewald Heinrich von Kleist, Hauptmann Hans Karl Fritzsche: „Er ist tot. Ich habe gesehen, wie man ihn hinausgetragen hat." Dann ging er mit Haeften zu Olbricht, und mit Olbricht zu Fromm, der sagte, Keitel habe soeben versichert, daß Hitler am Leben sei. Stauffenberg sagte, Keitel lüge wie immer. Olbricht sagte, „wir" hätten schon „Walküre" ausgelöst. Fromm schrie, das sei Hochverrat und erklärte alle für verhaftet, Stauffenberg müsse sich erschießen, und ging, als dieser das ablehnte, mit erhobenen Fäusten auf ihn los, worauf Kleist Fromm den Lauf seiner Pistole in den Bauch drückte. Fromm beruhigte sich und ließ sich nun seinerseits verhaften und in einem benachbarten Raum festsetzen.

Während in Berlin, in Paris, in Wien, Prag und in den Wehrkreiskommandos von Hamburg bis Salzburg die „Walküre"-Maßnahmen anfingen, rief zwischen 16 und 17 Uhr Generalmajor Stieff aus dem Hauptquartier des Oberkommandos des Heeres, das fünfundzwanzig Kilometer östlich der „Wolfschanze" lag, Generalquartiermeister Wagner in Zossen bei Berlin an und sagte, er höre aus der Bendlerstraße, daß „vollziehende Gewalt" verkündet sei, das sei aber Wahnsinn. Der Generalquartiermeister war Stellvertreter des Chefs des Generalstabes und befahl als solcher Stieff, sofort alle Vorgänge der Erhebung dem Chef des Oberkommandos der Wehrmacht Generalfeldmarschall Keitel zu melden. Auch Wagner verriet also seine Mitverschwörer.

Während in der Bendlerstraße weitere Verschworene eintrafen – Generaloberst Beck, Hoepner, Gisevius, Gerstenmaier, der Polizeipräsident von Berlin Wolf Heinrich Graf von Helldorf, der Potsdamer Regierungspräsident Gottfried Graf von Bismarck – und als diese die Stimmung etwa um 18 Uhr schon etwas gedrückt fanden, telephonierte Stauffenberg unablässig mit den Heeresdienststellen im Reich, beantwortete Rückfragen wegen Hitlers Tod, bestätigte die ausgegebenen Befehle, beschwor und befahl, bat und überredete, suchte den Anmarsch der Panzer zu beschleunigen. Um 18 Uhr sagte er einem der Nachrichtenoffiziere, der versuchte, den Deutschlandsender besetzen zu lassen: „Der Kerl ist ja nicht tot, aber der Laden läuft ja; man kann noch nichts sagen." Gegenüber den Anfragen aus den Wehrkreisen blieb er dabei, Hitler sei tot.

Die Fernschreiben mit mehrere Seiten langen Befehlen mußten auf den Fernschreibgeräten von Schreibern eingegeben und abgesetzt werden. Zunächst gab es nicht genug Vorlagen, so daß die Versendung der Befehle an mehr als zwanzig Anschriften allzu langwierig zu werden versprach. So mußten Sekretärinnen weitere Exemplare schreiben, die als Vorlagen in die Fernschreibzentrale gebracht wurden. Die Absendung der Fernschreiben an die Wehrkreiskommandos kam deshalb erst gegen 18 Uhr richtig in Gang. Nun war in den Wehrkreiskommandos inzwischen Dienstschluß, Befehlshaber und Stäbe waren zuhause, beim Bier oder beim Tarocken. Viele Wehrkreisbefehlshaber waren ohnehin auf Inspektionsreise oder auf der Jagd. Die aus Berlin eingehenden Befehle waren immerhin so ungewöhnlich, daß viele Stabsoffiziere, nachdem sie von deren Eingang verständigt worden waren, die Anweisungen ohne Bestätigung durch den Befehlshaber nicht einfach ausführen wollten. Die Befehle verlangten die Verhaftung von Gauleitern und höheren SS- und Polizeiführern, die Besetzung von Telegraphenämtern, Rundfunkanlagen, Kraftwerken, Brücken, Gestapo-Dienststellen und Konzentrationslagern. Fast gleichzeitig verbreitete sich seit etwa 18 Uhr die Rundfunknachricht, auf den „Führer" sei ein Attentat verübt worden, der „Führer" sei Gottseidank unverletzt, er werde im Rundfunk sprechen. Wer nicht eingeweiht, tatbereit und energisch war, neigte zum Abwarten und Lavieren. Die Situation legte das nahe. Bald telephonierte Keitel ebenso unermüdlich aus der „Wolfschanze" überall herum wie Stauffenberg aus der Bendlerstraße.

In einigen Befehlstellen gab es Mitverschwörer, so in Paris beim „Militärbefehlshaber Frankreich", General Karl-Heinrich von Stülpnagel, und auch in Wien standen einzelne Staboffiziere dem Geist der Berliner Befehle mit Sympathie gegenüber, in Prag lag dem Wehrkreisbefehlshaber besonders daran, der feindseligen tschechischen Bevölkerung gegenüber keine Unsicherheit zu zeigen.

In Paris war eine starke Verschwörergruppe im Stab des Militärbefehlshabers tatbereit und begann sofort mit der Entmachtung der Partei- und SS-Stellen. Etwa 1200 Mann wurden festgenommen und auf Lastwagen in das Wehrmachtgefängnis Fresne und das alte Fort de l'Est in St. Denis gefahren und eingesperrt. Im Hof der École Militaire waren die Sandsäcke aufgeschichtet, vor denen die von ihnen erschossen werden sollten, die durch Standgerichte verurteilt würden. Jedoch hatte der Militärbefehlshaber in Frankreich nur beschränkte Befehlsgewalt. Seit der alliierten Landung in der Normandie hatte der Oberbefehlshaber West, seit Anfang Juli Generalfeldmarschall von Kluge, höhere Autorität, und Kluge, der seit Jahren von den Staatsstreichplänen wußte, war nicht bereit, mitzutun, wenn Hitler am Leben geblieben war, obwohl er gerade im Westen die Möglichkeit gehabt hätte, die Front an die Reichsgrenze zurückzunehmen und Zehntausenden von Soldaten das Leben zu erhalten. So brach in Paris die Erhebung schon in der Nacht wieder zusammen, Wehrmacht und SS einigten sich auf die Sprachregelung, es sei ein Mißverständnis gewesen. Später gab es gleichwohl gegen eine Anzahl der Verschwörer Todesurteile.

In Wien war General der Panzertruppe Hans-Karl Freiherr von Esebeck Befehlshaber. Er war im Frankreichfeldzug Kampfgruppenkommandeur in der 6. Panzer-Division gewesen und kannte Stauffenberg gut. Er gab sofort die Berliner Befehle weiter, ließ Truppen in Marsch setzen und den stellvertretenden Gauleiter (der Gauleiter selbst war verreist) und die Chefs der Wiener Gestapo verhaften und entwaffnen, zugleich beruhigte man sie mit Cognac und Zigaretten. Der Stadtkommandant von Wien entwaffnete persönlich den Polizeipräsidenten, einen SS-Brigadeführer. Hie und da wurden Bahnhöfe militärisch besetzt. Nach einem Anruf Keitels schwenkte Esebeck um. Als Stauffenberg danach anrief und man ihm die Lage erklärte, klang er müde und entmutigt: „Ihr werdet doch nicht auch schlappmachen wollen." Der Wiener Befehlshaber sprach den Verhafteten sein Bedauern aus und machte alles rückgängig. Es half ihm nichts, daß er auch noch den Gauleiter Baldur von Schirach nach dessen Rückkehr aufsuchte, er mußte die neun Monate bis Kriegsende in Gestapogefängnissen und Konzentrationslagern verbringen.

In Prag wurden auch Truppen alarmiert und der Vertreter des Reichsprotektors für Böhmen und Mähren eine Zeitlang festgehalten. Der Befehlshaber verbrachte dafür den Rest des Krieges im Gefängnis.

In einigen Wehrkreisen befolgte man ohne viel zu fragen die Befehle, so, wie die Verschwörer es sich erhofft hatten. In Kassel (Wehrkreis IX) wurden Truppen in Marsch gesetzt und Vorbereitungen zur Verhaftung der NSDAP-Funktionäre getroffen, allerdings erst, nachdem der Befehlshaber gegen 21 Uhr zurückgekommen war, und kurz darauf wurde nach einem Telephonanruf Keitels alles widerrufen. Auch in Hamburg wartete man das Eintreffen des Befehlshabers bis in den späten Abend ab, doch wurden einige Truppen alarmiert, der Gauleiter, der Höhere SS- und Polizeiführer und einige andere hohe Regimefunktionäre in das Wehrkreiskommando gebeten und dort einige Zeit mit sanftem Druck festgehalten, der Chef des Generalstabes ließ Wermut und Sherry anbieten, bis sich dann alles auflöste. Ähnlich oder noch ereignisloser verlief der Abend in den meisten Wehrkreisen. Bald wurden aus den Wehrkreiskommandos Partei- und SS-Führer überall mit Glückwünschen zu des „Führers" Errettung und mit Versicherungen unwandelbarer Loyalität aus den Wehrkreiskommandos überschüttet.

Als sich in Berlin in den Korridoren des Bendlerblocks und in den Dienststellen des Befehlshabers des Ersatzheeres und des Chefs der Heeresrüstung herumsprach, Hitler habe ein Attentat überlebt und werde im Rundfunk sprechen, da formierten sich einige Offiziere des Stabes zu einer Gegenaktion, konfrontierten Olbricht etwa um 21 Uhr und befreiten Fromm. In den Fluren wurden Schüsse gewechselt, Stauffenberg schoß mit seiner belgischen Armeepistole auf einen Führer der Gegenbewegung und wurde selbst an der Schulter verletzt. Stauffenberg wollte dann noch mit Hofacker in Paris sprechen, erreichte dort einen anderen Mitverschworenen und sagte, die Schergen lärmten schon auf dem Flur nach ihm. Zu Fromms Sekretärin sagte er: „Sie haben mich ja alle im Stich gelassen!"

Da Fromm die Befehlsgewalt wieder zu übernehmen im Begriff war, versammelten sich die Führer des Staatsstreiches und die Führer der hausinternen Gegenbewegung in den Diensträumen des Befehlshabers. Dann kam Fromm herein, erlaubte Beck, sich zu erschießen, erklärte die anwesenden Loyalisten zu einem Standgericht unter seinem Vorsitz und verurteilte Mertz, Olbricht, Stauffenberg und Haeften zum Tode. Die vier Offiziere wurden sofort in den Innenhof hinuntergeführt und dort vor einem Sandhaufen von einer Abteilung des Wachbataillons etwa um Mitternacht erschossen.

Stauffenberg starb mit einem Ruf auf Deutschland. Wahrscheinlich lautete sein Ruf „es lebe das geheiligte Deutschland".[*]

[*] Alle unmittelbaren Zeugen erwähnen in ihrer Wiedergabe des Rufes die Worte „heilig" und „Deutschland". Der Ruf könnte auch „es lebe das heilige Deutschland", oder „heiliges Deutschland" gelautet haben. Berichte aus zweiter Hand geben weitere Variationen wieder, die hier und da in der Literatur auftauchen, aber kaum als zuverlässig angesehen werden können.

# VII. Epilog

Die Leichen wurden in der Nacht auf dem Friedhof der Matthäikirche in Schöneberg begraben. Himmler ließ sie am 21. Juli exhumieren, kremieren und die Asche über Felder streuen.

Berthold Stauffenberg wurde am 10. August mit Schulenburg und Korvettenkapitän Alfred Kranzfelder vor dem „Volksgerichtshof" des berüchtigten Blutrichters Roland Freisler verurteilt und am selben Tag langsam erhängt. Vor ihm waren am 8. August Witzleben, Hoepner, Stieff, Oberleutnant Albrecht von Hagen, Generalleutnant Paul von Hase, Oberstleutnant i. G. Robert Bernardis, Hauptmann Friedrich Karl Klausing und Peter Yorck verurteilt und gehängt worden, nach ihm folgten noch fast zweihundert weitere Beteiligte. Hitler sah sich in seinem Hauptquartier „Wolfschanze" die auf seinen Befehl aufgenommenen Filme von den Erhängungen an. Einzelabzüge von Aufnahmen der Erhängten lagen auf dem Kartentisch, an dem die Lagebesprechungen abgehalten wurden, Rüstungsminister Albert Speer und andere sahen sie dort liegen.

Frauen, Mütter, Großmütter, Kinder und Enkelkinder der Familien Stauffenberg, Goerdeler, Bernardis, Bonhoeffer, Dohnanyi, Hagen, Hase, Hoepner, Hofacker, Jakob Kaiser, Leber, Lehndorff, Leuschner, Moltke, Oster, Schwerin, Tresckow, Trott, Seydlitz, Yorck, und anderer Familien wurden in Gefängnisse und Konzentrationslager gebracht. Himmler nannte das Sippenhaft, die sei ein Brauch der Germanen gewesen, die Germanen hätten „Verräterblut" ausgerottet, er verkündete: „Die Familie Graf Stauffenberg wird ausgelöscht bis ins letzte Glied." Die Kinder von Claus und Berthold Stauffenberg, die Enkelkinder Carl Goerdelers, die Kinder Cäsar von Hofackers wurden erst nach dem Ende des Krieges befreit, wenige Stunden, ehe sowjetische Truppen ihr Lager besetzten.

Nachkriegsleser urteilen oft ohne große Zurückhaltung über vergangene Ereignisse, ohne sich in das Denken der Zeit zu versetzen, oder indem sie es für falsch erklären, wenn es dem in ihrer eigenen Zeit gängigen nicht entspricht. Stauffenberg und die meisten seiner Mitverschworenen handelten aber nach universalen, zeitlos gültigen Prinzipien, zu denen der Rechtsstaat, soziale Gerechtigkeit, Achtung des Mitmenschen und Menschenliebe gehören. Ihr Opfer ohne Aussicht auf materiellen Erfolg gehört, tragisch und schmerzvoll für sie selbst und die ihnen Nahen, zu den wenigen Lichtblicken in der dunklen Geschichte des Dritten Reiches.

Die Frage, wie gut oder schlecht Stauffenbergs Aktion vorbereitet war, verblaßt daneben. Stauffenberg hatte aufreibende dienstliche Aufgaben, Truppen und Persönlichkeiten wurden ständig verlegt und versetzt, viele Beteiligte, die die Notwendigkeit des Handelns einsahen, waren doch nicht dazu fähig, versagten im entscheidenden Augenblick. Gewiß könnte man sich größere Perfektion beim Umsturz vorstellen, rascheren Einsatz der Truppen, raschere Besetzung und Nutzung der Nachrichten- und Rundfunkeinrichtungen. Die Entschlossenheit dazu wurde untergraben von zaghaften Generalen, die mehr „Sicherheit" für den Staatsstreich wollten. Nachträgliche Forderungen nach generalstabsmäßiger Perfektion führen sich also selbst ad absurdum. Die größere Sprengstoffmenge war da, aber eine Störung verhinderte den Einsatz. Die Voraussetzung für die Übernahme der Exekutivgewalt durch das Heimatheer, Hitlers Tod, fehlte. Die Mobilisierung der Massen durch Rundfunkaufrufe, falls sie überhaupt möglich gewesen wäre, hätte zu sinnlosen Kämpfen und Opfern in noch viel größerer Zahl führen können, die Vorwürfe der Nachlebenden wären entsprechend härter.

Das Attentat und der Umsturzversuch hatten also kaum Aussicht auf Erfolg. Für den Fall des Erfolges waren Ziele wie die Rettung des Reiches, der staatlichen Selbständigkeit Deutschlands oder gar seiner Großmachtstellung dennoch unerreichbar. Der Zweite Weltkrieg wurde als Kampf auf Leben und Tod gegen Deutschland geführt, nicht nur gegen Hitler. Es gab auch für eine Nach-Hitler-Regierung des Umsturzes weder außenpolitischen Spielraum noch die Möglichkeit, das alliierte Kriegsziel der bedingungslosen Unterwerfung Deutschlands zu mildern. Zwar hatte Stauffenberg noch 1943 gehofft, die Front im Osten könne gehalten, die im Westen auf die Reichsgrenzen zurückgenommen, das „Reich" und seine nationale Unabhängigkeit gerettet werden. Im Juni und Juli 1944 hatte er diese Hoffnungen nicht mehr. Es gab auch keine Option zwischen Ost und West, nur die bedingungslose Kapitulation nach allen Seiten. Die Verschwörer machten aber ihr Handeln nicht vom materiellen Erfolg abhängig.

Stauffenberg war für die meisten Strömungen im Widerstand gegen den Nationalsozialismus politisch nicht repräsentativ, weder für ältere Konservative wie Goerdeler und Hassell, noch für Gegner aus kirchlichem Milieu, noch für Gegner deutscher Machtpolitik wie Moltke oder Bonhoeffer, noch für Sozialisten oder Kommunisten. Er repräsentierte die geistige und moralische Substanz des Widerstandes.

Stauffenberg wußte sich einer geschichtlichen Tradition verbunden. Die Theorie des Calvinisten Theodor Beza vom Recht zum Widerstand gegen die Obrigkeit und vom Übergang des Rechts zum Widerstand von den vor allen berufenen Führern, falls diese versagten, auf die nächstniedere Ebene, und so fort, wird Stauffenberg kaum gekannt haben. Er hat sie aber in Anspruch genommen durch sein Handeln.

Stauffenbergs Tat hat in der deutschen Geschichte ebenso wenig eine Parallele wie die Verbrechen Hitlers. Unbeschadet des Verdienstes Georg Elsers und der Geschwister Scholl und vieler anderer trägt Stauffenbergs sichtbare Tat soviel ethische und politische Kraft in sich, daß beide deutsche Nachkriegsstaaten das Erbe pflegten und auf seine Ausstrahlung Anspruch erhoben. Der Aufstand, der Schritt von der ethischen Überzeugung zur Tat, daran ändern alle politischen Reklamierungen nichts, war aber im Grunde eine existentielle Antwort auf das Böse und Menschenfeindliche überhaupt. Das ist auch die fortwirkende Herausforderung der Tat Stauffenbergs an die Nachlebenden.

Stauffenberg handelte nach seiner Verantwortung, der Verantwortung des Offizierkorps, vor der Geschichte, vor seinem

Gewissen, vor der Familie. Die Mahnung des Vaters, den Wappenschild rein zu halten, hat Claus Stauffenberg auf unerwartete Weise befolgt. Er nahm alle Kritik der Nachlebenden, die grobe des „Verrats" wie die insidiös-subtile ideologische von vornherein auf sich, als er kurz vor dem 20. Juli 1944 sagte: „Es ist Zeit, daß jetzt etwas getan wird. Derjenige allerdings, der etwas zu tun wagt, muß sich bewußt sein, daß er wohl als Verräter in die deutsche Geschichte eingehen wird. Unterläßt er jedoch die Tat, dann wäre er ein Verräter vor seinem eigenen Gewissen." Stauffenberg trat aber gegen den Verrat Hitlers auf und stand gerade für die eigene Mitschuld. Stauffenberg erfüllte die Verantwortung am sichtbarsten durch seine Tat. Er ist, wie sein Bruder Alexander sagte, durch seinen „königlichen Opfertod" in die Geschichte der Deutschen und in die Weltgeschichte eingegangen.

# Quellen und Literatur

Die Zahl der Veröffentlichungen von Quellen ist nicht sehr groß, weil die Untergrundbewegung wenige Quellen hinterließ. Die Sekundärliteratur zum Widerstand gegen den Nationalsozialismus geht dagegen in die Tausende. Eine Bibliographie über alle Aspekte der Zeit des Nationalsozialismus (Michael Ruck, Bibliographie zum Nationalsozialismus, Köln 1995) enthält allein 1 179 Titel über den Widerstand, ohne die Literatur über den Kirchenkampf und das politische Exil. Eine Spezialbibliographie zum Widerstand (Ulrich Cartarius, Bibliographie „Widerstand", München, New York, London, Paris 1984) führt 6 231 Titel an. Die folgende Auswahl nennt Werke, die die Verzweigungen und Einzelheiten der vorstehenden Darstellung erschließen.

## Quellen

Beck, Ludwig, Studien, Stuttgart 1955

Beck, [Ludwig] und Goerdeler, [Carl], Gemeinschaftsdokumente für den Frieden 1941–1944, München 1965

Elser, Johann Georg, Autobiographie eines Attentäters, Stuttgart 1970, ²1989

Gersdorff, Rudolf-Christoph Frh. von, Soldat im Untergang, Frankfurt/M., Berlin, Wien 1977

Groscurth, Helmuth, Tagebücher eines Abwehroffiziers 1938–1940, Stuttgart 1970

Hammerstein, Kunrat Frh. von, Spähtrupp, Stuttgart 1963

Hassell, Ulrich von, Die Hassell-Tagebücher 1938–1944, Berlin 1988

Michel, Karl, Ost und West: Der Ruf Stauffenbergs, Zürich 1947

Moltke, Helmuth James von, Briefe an Freya 1939–1945, München 1988

Osas, Veit, Walküre. Die Wahrheit über den 20. Juli 1944 mit Dokumenten, Hamburg 1953

Poelchau, Harald, Die letzten Stunden. Erinnerungen eines Gefängnispfarrers, Berlin 1949

Schlabrendorff, Fabian von, Offiziere gegen Hitler, Berlin 1984

„Spiegelbild einer Verschwörung". Die Opposition gegen Hitler und der Staatsstreich vom 20. Juli 1944 in der SD-Berichterstattung, 2 Bde, Stuttgart 1984

Stieff, Hellmuth, Briefe, Berlin 1991

## Literatur

Hillgruber, Andreas, Die gescheiterte Großmacht. Eine Skizze des deutschen Reiches 1871–1945, Düsseldorf ³1982

Hoffmann, Peter, Widerstand, Staatsstreich, Attentat. Der Kampf der Opposition gegen Hitler, München ⁴1985

Hoffmann, Peter, Claus Schenk Graf von Stauffenberg und seine Brüder, Stuttgart 1992

Hoffmann, Peter, Die Sicherheit des Diktators. Hitlers Leibwachen, Schutzmaßnahmen, Residenzen, Hauptquartiere, München, Zürich 1975

Hoffmann, Peter, „The German Resistance, the Jews, and Daniel Goldhagen", in: Franklin H. Littell, Hrsg., Hyping the Holocaust: Scholars Answer Goldhagen, Merion Station, Pennsylvania 1997. S. 75–88

Ritter, Gerhard, Carl Goerdeler und die deutsche Widerstandsbewegung, Stuttgart 1984

Rothfels, Hans, Die deutsche Opposition gegen Hitler, Stuttgart ⁵1994

Schmädeke, Jürgen; Steinbach, Peter, Hrsg., Der Widerstand gegen den Nationalsozialismus. Die deutsche Gesellschaft und der Widerstand gegen Hitler, München, Zürich ²1986

# Personenregister